나를
사랑하고
싶은

나에게

나를
사랑하고
싶은

나에게

나답게 살아갈 힘을 키워주는 문장들

이동섭 지음

더퀘스트

마음을
지키는

말과
문장

살면서 마음을 잃어버릴 것 같은 때가 있습니다.

어느 날 문득 삶의 의미를 잃었을 때,
내가 아무것도 아닌 존재 같다고 느낄 때,
사람들과 자꾸 비교될 때, 그렇게
제 자신이 초라해지는 밤이면
멀리 여행을 떠나듯 반 고흐나 모차르트 같은
예술가들의 인생을 자세히 살펴봤어요.

위대하게 태어난 사람들인 줄 알았는데, 놀랍게도 전혀 그렇지 않
았어요.

대부분은 우리와 같은 고민들로 끙끙대며 아파하다가,
나름의 대처를 찾고 시도하고 또 찾으면서 살았더라고요.

자신을 지키려는 용기나 마음을 보살피는 방법이
그들의 말과 문장에 녹아 있었습니다.
거기에 기대어, 저 역시 부러움과 초조함에 휘말려
소중한 것들을 잃어버리지 않으려고 스스로를 다독이곤 합니다.

그래서 자신을 사랑하고 싶은 당신에게도,
차츰차츰 자신을 향한 미움이 옅어지고
부족한 모습을 부족한 채로 사랑할 힘이 생기는 데
이 책에 담긴 이야기들이 도움이 되기를 바랍니다.

한없이 작아지는 날조차
사실은 사랑하기에 충분한 우리니까요.

진심으로, 당신의 행복을 빕니다.

이동섭 드림

contents

myself

/

어떤 순간에도
나만은 나를
안아줄 수 있다

어떻게
나 자신을

더 사랑할
것인가

'이번에는 정말 끝장을 봐야지' 하고 다이어트, 운동, 자기계발, 외국어 공부 등을 다짐해보지만 3일을 넘기기 어렵다. 꽤 절실하게 이루고 싶은데도 어제까지의 관성이 몸과 마음에 착 달라붙은 탓이다.

'내일부터 다시 하지 뭐'로 스스로를 합리화하지만 마음이 상쾌하지는 못하다. 그런 밤이면 하루하루를 더 없이 성실하게 살았던 요한 세바스티안 바흐, 병든 눈으로도 죽을 때까지 세상의 풍경을 치열하게 표현한 클로드 모네와 80세가 넘은 나이에도 열심히 작업 중인 데이비드 호크니의 삶이 따끔한 가르침으로 떠오른다.

'그들은 우리 같은 평범한 사람들과 다르게 태어났겠지'라고 슬그머니 변명을 하려던 차에, 열정만으로 모든 악조건을 극복하여 피카소와 동급이 된 프랑스 화가 앙리 루소(Henri Rousseau)가 머릿속에 나타났다.

앙리 루소는 27세가 되던 해에 파리 세관의 하급관리로 취직해서 49세의 나이에 그만뒀다. 세관원으로 살았던 스무 해를 뒤로하고 그림에 전념하기 위해서였다. '세관원 루소'(프랑스에서 부르는 별칭)는 독학으로 그렸다. 아마추어 화가로 불리는 이유이자, 생의 후반부까지 그의 그림에 미숙하다는 조롱과 멸시가 따라붙은 이유였다.

빈센트 반 고흐는 아틀리에와 아카데미에 등록할 수 있는 괜찮은 형편이었으나 제 성격이 맞지 않아 그만두고 독학했지만, 루소는 가난해서 애초에 그럴 수 없었다. 그 처지에 왜 돈 들여 그림을 그리냐는 주위의 비아냥과 분수에 맞지 않는 비싼 취미생활이라는 몰이해를 오랜 세월 견뎌야 했다.

생애도 비참하게 힘들었다. 첫 아내와 사별하고 재혼한 두 번째 아내도 죽었고, 일곱 명의 자식 가운데 다섯은 아주 어린 나이에 죽고 한 명은 10대 후반에 죽었다. 오로지 딸 하나가 살아남아 어른이 되었을 뿐이다. 아버지의 부도로 시작되어 평생 이어진 가난과 가족들의 연이은 죽음은, 한 명에게 가는 불행과 불운의 양치고는 과하다.

그 절정에 자신의 죽음이 있다. 1909년 65세의 루소는 54세의 미망인 유제니 레오니에게 청혼했으나 거절당했다. 그래도 그녀를 잊지 못하고 비 오는 날 역까지 마중 나갔다가 비에 잔뜩 젖어 급성 폐렴으로 죽었다는 설과 아무리 해도 자신의 마음이 받아들여지지 않자 자해를 반복한 끝에 상처가 곪아 죽음에 이르렀다는 설이 있다.

불우한 무명화가의 깜짝 성공 비결

독학자도 세속의 평가를 무시하기는 불가능하다. 루소가 국립미술대전(살롱)에 번번이 낙선하면서도 작품을 출품한 이유는 성취감뿐만 아니라 살롱 입선만이 무명화가가 단숨에 주목받는 유일한 방법이자 그림을 판매할 수 있는 길이었기 때문이다. 그런데 행운은 다른 곳에서 날아들었다. 루소가 그린 여인 초상화를 우연히 산 피카소는 거기에서 문명화되지 않은 원시적인 힘이 담긴 화법을 보았고, 자신의 화실에서 '루소의 밤'을 열었다.

시인 기욤 아폴리네르와 마리 로랑생, 막스 자콥, 조르주 브라크 등 당대의 전위 예술가와 수집가들이 참석했다. 이날 밤 피카소가 루소에게 찬사를 바치자, 루소는 전설적인 대답을 남겼다.

"우리 둘 다 이 시대의 위대한 화가입니다. 다만 선생은 이집트 양식에서, 나는 현대적 양식에서."

당황하리만큼 자신감 넘치는 말 같지만, 이런 자신감의 근거는 다른 사람들의 무수한 조롱과 비아냥을 받으면서도 당시 한창 집중해 있던 '밀림 시리즈'에 있었다. 그는 생의 마지막 6여 년 동안 26점의 밀림 그림을 완성했다. 드디어 자기만의 소재를 발견했고, 피카소처럼 동시대 앞선 예술가들의 눈을 사로잡은 것이다.

그는 멕시코 전쟁에 참전했을 때 밀림을 경험했다는 둥 거짓말인지 농담인지 알 수 없는 말을 했는데, 밀림은커녕 파리 근교도 벗어나지도 못하는 형편이었다. 사실은 파리 식물원, 파리 자연사박물관, 심지어 동물 그림이 잔뜩 담긴 백화점 홍보책자에서 찾은 식물과 동물들을 결합시키고 상상을 덧씌워서 '루소의 밀림'을 발명해냈다.

"이 온실에 들어와 이국의 색다른 식물을 보고 있으면, 나는 꿈을 꾸고 있는 것 같습니다"라고, 그는 평론가 아르센 알렉상드르에게 말했다.

그의 밀림 속에는 원숭이나 코끼리 외에 현실에 존재하지 않는 여러 동물들도 등장하고, 식물들도 실제와 다르게 그려져 있다. 그래서 루소의 밀림은 고갱의 그것과는 완전히 다르다. 작렬하는

앙리 루소
〈꿈〉
1910

–

나는 나의 그림으로 세상을 사랑한다.

태양과 열대 습기, 바닷바람을 온몸으로 느낀 고갱이 체험의 열대를 완성했다면, 루소는 머리와 손으로 상상의 밀림을 구축했기 때문이다.

루소의 밀림은 당시 이국에 대해 뜨겁게 열광하던 도시인의 감각적 쾌감에 부합했다. 파리를 벗어나지 못한 자가 그린 밀림은 상상과 환상이 가득한 비현실이었지만 오히려 그것이 현실을 살아가야만 하는 당대의 파리지엥과 지금의 우리에게도 달콤함을 전한다.

이처럼 루소는 초기의 미숙함을 성실한 열정으로 감싸고, 미숙한 가운데 높은 완성도로 우리를 사로잡았다. 제도권에서 벗어난 그림의 힘은 익숙하게 잘 그린 그림이 도달할 수 없는 곳까지 날아가기도 한다. 스스로 길을 만들며 늦게 목적지에 도착한 자만이 볼 수 있었던 생각의 풍경이 거기에 담겨 있기 때문이다.

나는 이 시대의 위대한 화가다

루소는 그림에 삶을 바쳤다. 불행과 불운의 순간에도 붓을 놓지 않았다. 그토록 간절하게 하고 싶은 일을 하고 살았던 루소는 하고 싶은 일을 하며 성공마저 거뒀으니 불행하지도 불운하지도 않았다.

모든 물질이 주어졌으나 어떤 욕구도 없이 매일을 보내야 했던 로코코 시대의 귀족들은 그를 부러워할 것이다. 지금의 우리도 생활이 안정되어갈수록 10대와 20대에 좋아했던 것들의 리스트가 가물거린다. 한가한 시간은 좀체 없고 항상 쫓기듯 바쁘고, 매일을 견뎌내는 기분이다. 우리의 청춘을 채우던 가슴 설레던 것들과 이별한 채 어느 날 돌아보면 서른, 마흔이 되어 있다.

청춘이란 나이로 규정되는 게 아니라 스스로 불꽃을 피울 수 있느냐라는 심리 상태로 판별된다고 생각한다. 우리의 청춘이 다시 돌아올 수도 있다고, 그것은 전적으로 우리가 하루하루를 알차게 보내기 나름이라고, 다시 너는 스스로 뜨거울 수 있냐고 루소는 자신의 소박한 그림들로 우리에게 묻고 있다.

루소가 세상의 비난과 조롱, 무시에도 불구하고 자기만의 그림을 그려서 마침내 파리 오르세 미술관에 자기만의 방을 갖게 된 결정적인 이유가 있다.

남이 나를 어떻게 보는지보다 내가 나를 어떻게 생각하는지를 중요하게 여겼기 때문이다. 내가 나를 소중하게 생각하면 남도 나를 소중히 대한다. 스스로를 위대한 화가로 확신했기에 세상의 비아냥을 무시할 수 있었다. 그것은 갖은 고난과 힘겨움에도 자신을 사랑하는 마음이 튼튼했기에 가능했다. 이렇듯 자신을 사랑하면 자랑할 일이 생긴다.

작심삼일에 그치는 일이 반복되어 자신이 초라하게 느껴질 때, 좋아하는 일을 주변의 부정적인 반응으로 포기하려는 마음이 들 때, 내가 아무것도 아닌 존재 같다고 느낄 때, 무너질 것만 같은 힘 듦 속에서도 끝내 자신에 대한 사랑을 지켜내 위대해질 수 있었던 루소의 태도를 우리도 몸속에 꼭꼭 새겨두면 좋을 듯하다.

"자신을 하찮은 사람으로 깎아내리지 마라. 아직 아무것도 이루지 못했더라도, 앞으로 무슨 일을 하더라도 항상 자신을 사랑하고 존경하라. 그 태도가 미래를 바꾸는 강력한 힘이 된다."

_프리드리히 니체

조금
부족해도

괜찮아

2017년 봄에 파리 루브르 미술관에서 〈페르메이르〉전이 열렸다. 루브르에 소장 중인 두 점을 포함해 총 열두 점의 페르메이르 작품을 한 곳에서 볼 수 있는 기회이자, 1966년 이후 51년 만에 파리에서 다시 열린 특별전이었다.

개관 첫날인 2월 22일에는 대기시간만 최소 3~4시간에 거의 만 명이 입장했고, 8일 동안 4만 명이 넘는 관람객이 찾았다. 라파엘로, 앵그르처럼 프랑스인이 좋아하는 화가들의 전시 첫날 입장객의 두 배에 해당되는 놀라운 숫자다. 미슐랭가이드로 비유하자면, 별 세 개인 전시다. 즉 '그곳을 가기 위해 여행을 계획할 만하다'는 뜻이다.

요하네스 페르메이르
〈진주귀걸이를 한 소녀〉
1665

예전에는 '베르메르'로 불렸던 요하네스 페르메이르(Johannes Vermeer, 네덜란드식 발음)의 이름은 낯설어도 그의 그림들은 아주 익숙하다. '북부 유럽의 모나리자'로 불리는 〈진주귀걸이를 한 소녀〉는 동명의 영화도 개봉됐고 가전제품부터 성형외과에 이르기까지 각종 광고에 자주 사용되기 때문이다. 그 외에도 〈델프트의 풍경〉과 같은 다수의 명작을 남겼다.

그의 그림은 크기가 대체로 작아서 그림 앞으로 바짝 다가가서 보게 된다. 그래서인지 사람들에게 무언가를 속삭이는 듯 은밀하게 말을 거는 느낌이다. 집안에서 일어나는 사소한 상황이나 자신이 살았던 지방의 소소한 풍경들을 작은 캔버스에 담은 그의 그림은 요즘으로 치자면 일종의 스냅사진과 같아서, 커다란 크기의 초상화를 주로 원하던 당시에는 인기가 높지 않은 편이었다.

그의 작품들은 그의 죽음과 더불어 잊혀졌다가 19세기 말에 인상파가 등장하면서 재발견되었고, 20세기 말에는 렘브란트에 버금가는 인기를 누리게 되었다. 서명이 없는 탓에 위작 논쟁이 자주 생겨서 원작 추정작까지 포함해도 불과 35~40여 작품밖에 전해지지 않는 점이 무척 안타까울 정도다.

왜 요즘 사람들은 페르메이르의 소소한 풍경과 소박한 인물화에 끌릴까? 그의 작품 속에 있는 무엇이 우리 마음을 매혹시키는 걸까?

현대인이 재발견한 페르메이르

그리스로마 신화나 성경을 바탕으로 그려진 그림 대부분은 우리에게 눈에 보이는 것만 인식하게 만든다. 내가 아는 내용을 그린 그림이면 '저게 이러저러한 내용을 배경으로 하고 있구나'라는 지식을 확인하는 정도다. 거기에서 인간 내면의 폭력성, 운명의 저항과 의지 등을 읽어낼 수도 있지만, 이는 지식에 의한 것이지 감정이나 느낌, 상상에 의한 것이 아니다. 그러니 이런 작품들이 미술사적인 가치는 있을지 모르지만, 미술에 문외한인 보통의 사람들은 즐겨 보지 않는 편이다.

이와 반대로 페르메이르의 작품에서 우리는 당시 사람들의 옷차림, 실내 풍경, 생활상, 그가 살던 지방의 건물과 자연 풍경 등을 본다. 그의 작품은 이런 회화의 기록성에서 멈추지 않는다. 비록 그가 살았던 시대에 대한 특별한 지식이 없더라도 작품을 보면서 화가가 본 풍경을 지그시 눈을 감고 상상하게 된다. 당시의 하늘, 바람, 공기, 물빛 등 그가 본 자연은 어떤 느낌이었을까?

더 나아가, 타임머신이 있다면 그림 속 그때 그곳으로 가고 싶어진다. 그래서 당시의 빛은 저 그림처럼 저토록 노랗게 빛났는지, 소녀의 두건은 저토록 파랬는지 페르메이르처럼 직접 보고 느끼고 싶다.

지금 당장 비행기를 타고 그가 활동했던 네덜란드의 델프트로 간다면, 그걸 그대로 느낄 수 있을까? 그가 그림을 그린 시기를 대체로 1650년대 초반부터 1675년 정도까지로 본다면, 지금과 약 355~370년의 시간 차이가 난다. 그동안 전 세계적으로 급격하게 산업화가 진행되어 공기, 바람, 태양빛 등 자연환경이 엄청나게 변질되어 버렸으니 설령 그가 보고 그린 풍경의 위치는 찾을 수 있다 해도 그가 그린 풍경의 느낌은 찾을 수 없을 것이다.

그는 캔버스와 물감으로 당시의 하늘과 구름, 공기를 그림 안에 잡아두었다. 그렇기 때문에 우리는 그의 그림에서만 그때 그 시공간을 되찾을 수 있다. 현실에서는 잃어버렸고 그림에서만 되살아나 다가오는 풍경이 페르메이르의 그림이 내뿜는 매력이다.

이 세상에서 가장 아름다운 그림

페르메이르는 자식이 열다섯 명(그중 네 명은 어린 나이에 죽었다)인 대식구의 가장이었다. 그림을 그려서 먹고사는 전업 화가였으나 작업 속도가 아주 느렸고, 판매에도 적극적이지 않아서 생계를 유지하기 힘들었다. 그림을 그리면서 틈틈이 미술 거래상도 했지만 경제 사정은 늘 좋지 않았다. 그래서인지 그는 건강 악화와 스트레스로 인해 43세에 심장병으로 죽었다.

요하네스 페르메이르
〈기타 연주자〉
1670~1673

그런데 그의 그림을 보면, 가난에 대한 걱정이나 삶의 힘겨움 등 일상의 어두운 면을 찾아보기 어렵다. 풍경화야 풍경이 맑고 깨끗하니 보이는 대로 그렸다고 하더라도, 인물들도 하나같이 걱정이나 구김살이 보이지 않는다. 그런 해맑은 감정은 어린아이가 열한 명이나 있는 집안의 가장에겐 거의 불가능했을 텐데….

너희들은 이토록 아름답다

대부분의 미술사가들은 그가 경제적으로 어려웠기 때문에, 전문 모델보다는 자신의 부인이나 딸, 하녀를 모델 삼아 작업했을 것으로 짐작한다. 그런데도 그의 그림 속 여인들은 모두 아름답게 빛나는 모습이지 '오늘 저녁은 끼니를 어떻게 때울까'를 심각하게 걱정하는 듯하지 않다. 실제로는 그런 걱정을 거의 매일 했겠지만, 그의 그림에 등장하는 인물들은 대부분 여유롭고 낭만적인 분위기를 풍긴다.

서로를 너무 사랑해 어떤 어려움도 같이할 수 있으리라 믿으며 소박하게 생활하는 그와 부인과 자녀들을 상상해본다. 사랑은 현실의 힘듦을 잊게 만들 뿐 아니라 헤쳐나갈 힘도 준다는 점을 우리는 잘 알고 있다. 가장으로서 막중한 책임감과 가족을 향한 안타까움, 무능한 자신에 대한 자책감으로 괴로웠을 그는 그림으

요하네스 페르메이르
〈편지를 든 하녀와 숙녀〉
1666~1667

로나마 참혹한 현실을 잊고 가족을 위로하고 싶었는지도 모른다. '내가 무능하여 너희들을 배불리 먹일 수는 없지만 너희들은 내게 이토록 아름답다'라고, 그림을 통해 자신의 사랑을 부드럽게 속삭이는 듯하다.

이런 사랑으로 페르메이르의 인물은 가난하되 남루하지 않고, 걱정하되 불안에 빠지지 않는 모습이다. 반 고흐의 풍경화가 서양 미술사에서 가장 치열하고 처절한 자기 고백이라면, 페르메이르의 인물화는 가장 따뜻하고 소박한 사랑 고백일 것이다.

이런 이유로 물질적으로는 풍요하지만 정신적으로 가난한 현대인들이 페르메이르의 그림에 열광하는 듯하다. 배는 부른데 마음은 고픈 삶의 순간 속에서, 그의 그림에 가까이 다가가면 "괜찮아, 조금 부족해도 서로 사랑하는 마음이 있다면 행복하게 살 수 있어"라는 페르메이르의 속삭임이 들리는 듯하다.

"가장 소박하게 즐거움을 얻을 수 있는 자가 가장 부자다."

_헨리 데이비드 소로《월든》의 작가)

요하네스 페르메이르
〈편지 쓰고 있는 숙녀〉
1665~1666

—

당신은 제게 이토록 아름다운 사람입니다.

신동
모차르트가

부모로부터
독립한 방법

볼프강 아마데우스 모차르트(Wolfgang Amadeus Mozart)는 천재의 대명사다. 네 살에 음악공부를 시작하여 다섯 살에 작곡을 하고, 여섯 살부터는 누나 난네를과 함께 유럽 전역으로 연주를 다녔다. 그리고 황제 요제프 2세에게 실력을 인정받아 오페라 청탁을 받는 등 궁정안팎으로 이름을 한층 크게 날린다.

당시 궁정악장 살리에리의 질투 어린 눈에 비친 모차르트의 모습을 잘 형상화해서 지금까지도 사랑받는 영화 〈아마데우스〉를 보면, 모차르트의 전 생애에 걸쳐 아버지의 영향력이 상당히 강했음을 알 수 있다.

아버지가 천재로 길러낸 아들

모차르트의 아버지 레오폴트는 궁정 음악가이자 유능한 음악 교사였다. 레오폴트가 만들어낸 탁월한 기획 작품이 모차르트라고 보는 학자도 많다. 음악적인 재능을 갖고 태어난 모차르트에게 어릴 때부터 양질의 음악교육을 시켰고, 그 덕분에 모차르트는 신동의 재능을 발휘할 수 있었다는 것이다. 천재로 태어난 것이 아니라 천재로 길러졌다는 뜻이다.

이 의견에 동의하지는 않더라도, 모차르트는 아버지와 굉장히 친밀한 사이였음이 분명하다. 모차르트가 쓴 편지의 상당 부분은 아버지와 주고받은 것이었고 자신의 근황을 시시콜콜 알려주고 거의 모든 일에 조언을 적극적으로 구한다. 이런 행동엔 애정욕구가 몹시 강했던 모차르트가 아버지로부터 사랑받으려는 측면도 있으며 심지어 그가 아버지의 사랑을 받기 위해 음악에 열심히 매진했다는 해석도 있다.

"저를 사랑해주시겠어요?"라는 말을 자주 했다는 기록처럼, 모차르트는 아버지와 주변 사람들로부터 사랑받고자 하는 바람이 컸다. 빛이 강하면 그림자가 짙다던 괴테의 말처럼 모차르트에게 아버지가 그러했다.

그러나 모차르트는 아버지의 그늘에 머물기만 하지 않았다. 고향인 잘츠부르크를 떠나면서 모차르트는 아버지로부터 몸과 마음의 독립을 시도했다. 특히 결혼문제를 두고 모차르트는 아직 돈벌이가 안정적이지 않아 적당한 때가 아니라는 레오폴트에게 정면으로 반기를 들었다.

"네가 모든 사람에게 망각되고 말 평범한 음악가가 될지, 후세까지도 책으로 읽힐 유명한 악장이 될지는 오직 너의 분별과 살아가는 방식에 달렸다."◆ 아버지의 다소 위압적인 편지에 대해 아들은 일주일이나 지나서 예전과는 완전히 다른 답장을 보낸다.

내가 나여야 할 타이밍

"저는 계속해서 꿈을 꿀 겁니다. 이 땅 위에 꿈을 꾸지 않는 사람은 하나도 없으니까요. 그렇지만 하필 방탕한 꿈이라니요! 평화로운, 달콤한, 상쾌한 꿈이라고 하셔야지요!
평화롭거나 달콤하지 않은 것들은 꿈이 아니라 현실이라고 해야 할 것입니다. 많은 슬픔과 약간의 즐거움, 그리고 몇몇 참을 수 없는 일들로 이루어져 제 인

◆ 정영일 편저,《모차르트의 편지》, 선영사, 1993, p.109

생을 만들어 낸 현실 말입니다!"◆

이 시기 모차르트에게 사랑의 창세기가 열렸다. 아버지의 강력한 요구와 달리, 그는 사랑하는 가수가 있는 뮌헨으로 향한다. 여자 문제에 관해서 모차르트는 때로 아버지의 말을 받아들이는 듯하나, 결국엔 하고 싶은 이야기를 직설적으로 토로한다. 그러고는 혼자서 잘해내고 있다고 안심시키며 언제나 자신을 믿어달라고 부탁한다.

자신의 상황과 처지, 기질과 성격 등을 나열하며 지금 아내가 절실하게 필요함을 호소하고, 심지어 결혼 상대가 아버지가 몹시 싫어해서 절대로 만나지 말라고 거듭 당부하던 베버 집안의 딸이라고 솔직하게 털어놓는다. 하지만 "콘스탄체는 모든 딸들 가운데서 제일 선량한 아가씨"로 "낭비벽이 없고 검소한 치장에 익숙해져" 있다며 아버지가 가장 신경 쓰는 경제적인 부분의 염려를 덜어놓게 한다.

"제가 이 이상의 아내를 바랄 수 있는지 어떤지를 알려주시기 바랍니다." 아버지의 의견을 묻는 것처럼 편지를 쓰고 있지만, 이미 결혼할 의사가 굳건해 보인다. 아버지의 체면과 명예를 지켜주기 위해 의논하는 듯한 인상이 더 강하다.

◆ 같은 책, p.109

아버지는 철부지 아들이 방탕한 꿈을 꾼다며 나무라고, 다독이고, 타이르다가, 윽박질렀다. 아버지의 통제를 벗어나려는 아들의 마음과 아직 미숙한 아들에게 제대로 된 길을 열어주고 싶은 아비의 마음이 급박하게 오가는 편지 속에 팽팽하게 맞선다. 사랑을 알게 되면서 그는 아버지를 저버린 것일까?

당시 편지들을 읽어보면 그렇지 않다. 모차르트는 지금까지 받았던 아버지의 영향에서 탈피해 자기만의 세계를 구축하고자 했다. 연애와 결혼 문제는 그런 대립이 본격화된 것일 뿐이다.

여기서 승리한 아들은 음악가로서의 삶도 아버지와 다른 길을 선택했다. 고향 잘츠부르크의 궁정에서 적당한 대접을 받으며 안정적으로 살기 원했던 아버지의 현실적인 의견을 따르지 않고, 비엔나로 떠나 자유 음악가로 승부를 걸었다.

처음에는 청탁받은 곡을 만들어 바치거나 부유한 집안의 딸이나 부인에게 피아노 연주를 가르쳐야만 했다. 곤궁한 생활을 하다가 점차 그의 이름이 널리 알려지면서 당구대를 설치할 만큼 넓은 집에 호사스런 생활을 누릴 수 있게 됐다. 이처럼 어린 시절부터 그토록 사랑받길 원했던 아버지를 벗어나, 그는 부인 콘스탄체와 친구들, 특히 스물네 살 연상인 요제프 하이든과의 친밀한 우정으로 관계를 옮겨갔고, 모차르트는 음악적으로 크게 성장했다. 35년을 살면서 우리에게 남겨준 600여 곡의 아름다운 음악이 그 결과물이다.

아버지를 벗어나야 어른이 된다

"친애하는 친구 하이든에게! 자기의 아이를 넓은 세상
으로 내보내려고 결심한 아버지는 그 아들을 다행히
도 자기의 가장 친한 친구가 된 고명하신 분의 보호와
지도에 맡기는 것이 당연한 일이라고 생각했습니다.
이것이 다름 아닌 나의 여섯 아이입니다. 나를 인정해
주신 것에서 용기를 얻었기에 이들 작품을 당신에게
위임합니다. 앞으로 나는 이 아이들에 대한 모든 권리
를 당신에게 양도합니다. 충심으로 당신의 가장 성실
한 친구인 W. A. 모차르트"◆

'신동'으로 자신의 생애를 마치는 많은 연주자들과 달리, 모차
르트는 자신을 천재적인 음악가로 길러낸 아버지의 강력한 그늘
을 오랜 세월에 걸쳐 스스로 걷어냈다. 정신분석학자 지그문트
프로이트는 아버지를 죽인(극복한) 아들만이 자신의 세계를 열 수

◆ 같은 책, p.279

있다고 했는데, 자신에게 드리워진 아버지의 그늘을 스스로 벗어 났기에 신동 모차르트는 어른으로서 자기만의 음악을 만드는 거장으로 성장할 수 있었다.

현대의 많은 사람들은 정신과 물질에서 부모의 그늘을 벗어나지 못한 채, 나이 들어서도 여전히 캥거루처럼 부모의 품안에서 살고 있다. 자녀가 성장할수록 그에 맞게 부모와의 관계도 변해야 한다.

모든 정체된 관계는 언젠가 터질 폭탄과 같다. 부모는 품안에 아이를 두고 싶어도, 머리 굵은 자녀가 제 길을 찾아 떠나도록 하고, 자식도 당장의 편안함을 핑계로 머물렀던 부모의 테두리를 탈피해야 한다.

"사람들은 아마도 내가 아주 작고 어리기 때문에 위대함과 품위가 나에게서 나올 수 없다고 생각할 겁니다. 그러나 그들은 곧 알게 되겠지요."

_볼프강 아마데우스 모차르트

내가
짓지 않은
이름으로

불리지
않겠다

조르주 상드(George Sand)를 아는가? 프랑스 소설을 좋아한다면 《앵디아나》와 《소녀 파데트》등의 작가로, 쇼팽을 좋아한다면 그의 연인으로 알고 있을 것이다. 나폴레옹 보나파르트가 황제로 지배하던 때 태어나 파리코뮌을 지나 제3공화국 시절에 죽었으니, 그의 삶은 프랑스의 역사적 격변기에 걸쳐 있다. 평범하지 않은 사람이 비범한 일생을 보내기에 딱 좋은 시절이기도 하다.

그 시대를 제대로 알려면 여자들의 삶을 알아야 한다는 말이 있다. 강자와 주류만 기록하는 역사의 빈틈을 소수와 약자의 상징이던 여성이 메운다는 뜻으로 이해된다. 빅토르 위고가 프랑스 문학계의 태양이었다면, 그의 글이 밝히지 못한 어둠은 조르주 상드의 몫이었다.

조르주 상드는 남녀평등을 상상할 수 없던 시절에 직업에선 남자들과 어깨를 나란히, 사랑에서는 한 뼘 위에서 살았으니 루이 16세를 단두대로 보낸 로베스 피에르 못지않은 혁명가였다. 남들처럼 결혼하고 평범하게 살다가 어느 순간에 자기 인생의 소중함을 깨달았고, 그는 앞으로 내달렸다. 낭만주의 문학의 대가답게, 변화의 계기는 사랑이었다.

당신은 날 사랑하지만, 난 행복하지 않다

"아, 당신이 누군가에게 벌을 내리셔야 한다면, 무고한 사람은 말고 죄를 지은 사람에게 벌을 내려주세요. 그 사람이 아닌 저에게 화를 내세요. 그 사람은 아무 죄가 없어요. 제 건강, 제 휴식, 제 행복을 가져가세요. 그 대가로 그 사람의 행복을 지킬 수만 있다면, 전 그 모든 것을 희생하겠어요."◆

21세의 유부녀 아망틴 오로르는 남편 카지미르 뒤드방 남작(당신)에게 연인(그 사람)을 적극적으로 옹호하고 있다. 그를 뜨겁

◆ 조르주 상드, 《편지 1》, 이재희 옮김, 지만지, 2011, p.184-224

게 사랑하는 것은 사실이지만, 둘 사이는 어떤 육체적 사건도 없는 순수한 관계라며, 외도를 의심하는 남편에게 차라리 자신을 단죄하라며 연인의 행복을 지키기 위해서는 자신의 모든 것을 희생하겠다고 협박과 설명을 섞어 말한다.

　이어지는 내용은 아주 솔직하여 놀랍고, 아내가 남편에게 보낸 편지로서는 파국을 확실히 예감하게 만든다.

　"당신은 단 한 가지를 내게서 빼앗는 것보다 당신 자신이 열 가지를 희생했죠. 그런 당신이 몹시 고마웠어요. 당신을 극진히 사랑했어요. 하지만 여전히 난 조금도 행복하지 않았어요. 우리는 내적 교류가 없었고, 난롯가에서 달콤한 한담을 나누며 감미로운 시간을 보낸 적도 전혀 없었죠. 우리는 서로를 이해하지 못했어요. 난 단 한 시간도 집 안에 머물러 있을 수가 없었어요. 끔찍한 공허감이 느껴졌어요. (…) 나는 독점적으로 사랑하고 싶어지는 나이에 도달한 거예요. 하는 모든 일이 사랑하는 대상과 관계가 있어야 해요. 오로지 그 사람만을 위한 매력과 재능을 소유하고 싶어 하죠. 당신은 내 매력과 재능을 알지 못했어요. 내 지식은 소용이 없었고, 당신은 그것을 공유하지 못했어요. 난 당신을 내 품에 꽉 껴안았어요. 난 당신의 사랑을

토마스 설리
〈조르주 상드의 초상〉
1826

—

23세 시절의 상드.

받았지만, 정확하게 말할 수 없는 뭔가가 내 행복에는 빠져 있었어요."◆

당신은 나를 위해주고 사랑해주었지만 서로를 이해하지 못한 탓에 나는 늘 외로웠다. 몸은 편했지만 행복하지 않았다. 이것이 아망틴 오로르가 18세에 결혼하여 아이를 낳고 남들처럼 살았지만, 남들처럼 잘 살아지지 않는 이유였다.

서로를 이해하지 못하여 심장에 구멍이 뚫린 듯한 공허감에 몸서리를 쳤다니, 불륜이라 비난하려던 마음에 급제동이 걸린다. 이렇게 탁월한 문장력으로 남편 아닌 다른 남자를 사랑하고 그로 인해 드디어 자신이 행복을 느꼈다는 도발적인 편지를 쓴 아망틴 오로르가, 바로 조르주 상드다.

연애편지의 역사에서 명작으로 손꼽히는 이 고백편지는 단편소설 한 권 분량에 이르는데, 단 하룻밤 만에 썼다. 여자는 어려서는 누구의 딸, 결혼해서는 누구의 부인으로 아버지와 남편에게 종속된 인생을 살던 시대에 아망틴 오로르 뤼실 뒤팽은 아버지가 준 이름을 버리고 스스로 지은 새로운 이름 '조르주 상드(George Sand)'로 살기로 했다.

◆ 같은 책, p.184-224

프랑수아 테오도르 로샤르
〈조르주 상드의 초상〉
1835

—

32세 시절, 남자 옷차림의 상드.

남편에게 보낸 편지 구절처럼, 그는 사랑받고 있지만 스스로 행복하지 않으니 더 이상 이런 식으로는 살지 못하겠다며 결혼을 끝내자고 했다. '나는 나의 삶을 산다(Vivre ma vie)'는 주체적인 인간의 독립 선언이었다. 이런 현실을 살았던 사람답게 작품의 내용도 파격적이었다.

여자라면 무조건 감정을 숨기고 참고 살아야 하던 시대에 첫 소설 《앵디아나》를 비롯한 초기 작품에서 여자들이 대담하게 주변 사람들에게 자신의 감정을 적나라하게 드러내는 등 사회 관습을 정면으로 깬다. 당연히 주류 문단과 여론에 일대 파란을 일으켰다.

더 나아가 그는 여성의 문제를 넘어 사회 약자들인 가난한 사람과 노동자들의 권리와 지위에 관한 소설을 통해 계급 없는 사회를 그리기도 했으며, 자서전을 비롯해 동화, 연극 등 다양한 분야에 작품을 남겼다. 이런 그의 근대적인 생활과 활약은 동시대 여성들에게 큰 영향을 끼쳤다.

프랑스 귀족 출신 소설가이자 음악가 프란츠 리스트와의 떠들썩한 연애로 유명한 마리 다구 부인도 '조르주'라는 남자 이름으로 소설을 발표한 상드를 좇아 남자 이름 '다니엘 스턴(Daniel Stern)'으로 작품을 발표하는 등, 이는 다른 여성 소설가들에게도 유행처럼 번져갔다.

시대를 100년 이상 앞서간 상드는 소설을 통해 전하고자 하는 말과 실제 자신의 생활방식이 크게 다르지 않았고, 프랑스 사회에서 '조르주 상드'란 이름은 고유명사가 되어 여자도 자신이 원하는 대로 살 수 있는 일종의 상징이 되어갔다. 그런 면은 사랑의 문제에서 특히 도드라졌다. 그는 남자의 선택을 기다리는 수동적인 여자가 아니라, 연애도 주체적으로 했다. 그래서 그의 이름에는 항상 남자사냥꾼과 사랑의 여신이라는 극단적인 관점이 꼬리표처럼 붙어 있었다.

실제 성격도 차분하다가 한순간에 광기를 폭발시켰고, 뜨거운 사랑을 하다가도 냉정히 다른 사람과 사랑에 빠지는 등 극단을 자유로이 오갔으니, 자기 원하는 대로 연애한 셈이다.

내 이름과 과거의 나를 버린다

이렇게 등장과 함께 지지와 비난이 확연히 나뉘었는데, 그를 곱지 않은 눈길로 보던 이들 가운데는 사교계의 유명인사이자 매사에 예민하고 섬세하여 건드리면 터질 듯한 여린 심성의 작곡가 겸 피아니스트 프레데릭 쇼팽도 있었다.

그의 그런 시선 따위에는 개의치 않고 상드는 쇼팽에게 모성애적 보호 본능을 느끼고 적극적으로 구애를 했다. 결국 쇼팽은 "그녀의 타오르는 듯한 시선이 나의 심장을 뛰게 만들었다"며 상드의 매력에 굴복하여 연인이 되었다.

쇼팽이 폐결핵으로 투병할 때 상드는 그를 제 아이처럼 헌신적으로 간호했고, 쇼팽은 상드를 "나의 주인"으로 부르며 "상드를 위해서만 살고 싶고 상드를 위해서만 정다운 음악을 연주하고 싶다"고 고백할 정도로 깊은 사랑을 나누었다. 세간의 예상과 달리 9년 여간 그들은 프랑스 중부 노앙에 있는 상드의 집에서 행복하게 살았으나, 뜻밖의 사건으로 헤어지게 된다.

상드의 딸로 인한 오해로 쇼팽은 홀로 파리로 떠나버렸고, 그 후로 아무런 소식도 전해주지 않았다. 상드는 쇼팽의 답을 마냥 기다리고 있지 않았다. 살인적인 무더위와 불편한 몸에도 불구하고 파리로 직접 쇼팽을 찾으러 갔으나 만나지 못했고, 한 통의 편지로 이별을 먼저 고한다.

"그동안 당신은 충분히 생각할 시간을 가졌을 텐데 아무런 답장이 없군요. 그래요, 지금 당신의 마음이 시키는 대로 하세요. 그 애(상드의 딸)는 어머니란 사람을 미워하고, 비방하고, 어머니의 가장 성스러운 행동까지도 모독하고, 잔인한 독설로 가문에 먹칠을 하고 있어요. 당신은 그 모든 얘기를 귀담아 듣고 아마 그것을 믿을지도 모르겠네요. 난 그런 종류의 싸움은 하지 않겠어요. 끔찍해요. 그 애를 잘 보살펴 주세요. 당신이 헌신해야 한다고 생각하는 대상은 바로 그 애니까요. 난 당신을 원망하지 않겠지만 (…) 당신이 진지한 고백을 해준 이상 난 당신을 용서하고 이후로 어떠한 비난도 하지 않을 거예요 (…) 그럼 안녕히 계세요. 당신이 모든 병으로부터 조속히 치유되기를 빌어요. 그게 지금의 내 바람이에요(그러는 게 마땅하고요). 그리고 9년간의 독점적인 사랑을 이렇듯 기이하게 결말지어 준 것에 대해 신께 감사드려요. 가끔씩 소식 전해주세요. 나머지 일을 재론한다는 것은 무용한 일이에요." ◆

연애뿐 아니라, 상드는 가부장적인 프랑스 사회가 세운 남성 위주의 원칙들을 무시했다. 최소한 상드 자신의 인생에서는 그것들이 맥없이 무너졌다. 자신이 골라서 부른 이름과 성에 걸맞게 원피스를 벗어던지고 회색 코트, 양모 조끼, 넥타이, 모자를 걸치고 길거리에서 담배를 피웠다.

보수적인 사람과 여성혐오자들에게 도전이자 꼴불견이었고, 남녀평등을 지향하는 진보적인 사람들에게는 충격적인 스타일로

◆ 조르주 상드, 《편지 4》, 이재희 옮김, 지만지, 2011, p.103-111

'여자는 이렇게만 옷을 입고 행동해야 한다'는 편견을 깨부수는 혁명가이자 우상이었다. 당대의 예술가들이 그의 도발에 매혹되었다. 남장여자의 스캔들로는 유명세가 일주일을 가기 불가능하다. 하지만 상드는 문학에서 탁월한 실력을 발휘해 대중적인 인기를 끌었으며, 그에 더해진 이혼과 자유연애는 많은 이들에게 문학으로는 성취할 수 없는 카타르시스를 선사했다.

주체적인 삶은 열정만으로 이룰 수 없다. 그는 남자들의 수입에 의존하지 않고 스스로 글을 써서 집안을 꾸리고 아이들을 길러냈다. 경제적 자립은 의식의 독립에서 필수적이다. 누군가의 돈에 의존하여 살아가야만 한다면 주체적인 생각을 유지하기가 참으로 힘겹다. 그래서 상드처럼 살고 싶었지만 현실적 조건에 발목이 잡혀서 그렇지 못한 여자들이 많았다. 지금도 그렇지만 글을 써서 먹고살기란 거의 불가능하던 시대에, 상드는 남자도 아닌 여자로서 그것을 이뤄냈다.

상드는 꽉 막힌 남성가부장사회에 숨구멍을 뚫은 사람이었다. 만약 조르주 상드가 없었다면, 낭만주의의 흐름을 타고 자유와 평등을 구현하고자 했던 프랑스 문학계와 사회의 시도는 반쪽에 그쳤을 것이다.

내 인생은 내가 원하는 대로 살겠다

조르주 상드의 가장 큰 창조물은 조르주 상드의 삶이다. '너희들이 남녀로 구분해서 나를 여자라는 틀에 가두려고 애쓰지만, 나는 그 기준을 따르지 않겠다. 나는 나로서 살겠다'는 결연한 다짐과 성취가 그 이름에 들어가 있다. 물론 상드가 그렇게 살았다고 프랑스 사회에 평등이 구현되지는 않았지만, 그의 이름은 두고두고 모든 사회적 약자들을 비추는 하나의 등불이 되었다.

'너희는 주류가 정해놓은 대로 살 필요가 없다. 네가 원하는 대로 살아도 된다. 다만 그것은 공짜가 아니다. 대가를 치러야 한다. 그것을 두려워하지 말아라. 막상 직면하면 헤쳐나갈 수 있다. 우리 모두는 인생을 원하는 대로, 행복하게 살 권리가 있다'는 가르침을 상드는 지금의 우리에게도 전한다. 한 번 사는 내 인생, 두려워 말고 내 마음대로 즐겁게 살아도 된다는 용기와 함께.

"한번 내 심장이 사로잡히면 이성은 미칠 듯한 기쁨으로 문을 활짝 열어젖혔다. 나는 모든 것을 받아들였고 모든 것을 믿었다. 어떠한 주저함, 헤맴, 후회, 부끄러움도 없다. 어떻게 자신이 좋아하는 것 앞에서 얼굴을 붉히고만 있을 수 있단 말인가?"

_조르주 상드

출생의
불운을 딛고

행복하게
살자

"내가 태어날 때부터 불안과 슬픔과 죽음의 사신들이
내 옆에 서 있었다. 저녁에 눈을 감을 때면 그들은 내
옆에 서서 죽음과 지옥, 그리고 영원한 징벌로 나를
위협한다."◆

출생은 거대한 제비뽑기와 같다. 부모를 골라서 태어나지 못하
니, 모든 인간에게 행운과 불운의 양이 평등하지 않다. 부잣집에
잘생기고 똑똑한 사람은 그가 무엇을 잘해서 상을 얻은 게 아니
고, 가난한 집에 못생기고 머리가 좋지 않게 태어난 이도 그가 무

◆　유성혜,《뭉크》, 아르테, 2019, p. 231

엇을 못해서 벌을 받은 게 아니다. 그것들은 전적으로 우연의 산물이다. 그런 사실을 말끔하게 받아들이기 힘겨우니, 전생과 죽음 다음의 생을 다루는 종교에 마음을 의탁하게 되는 것이다.

현대인의 내면의 고통을 표현한 독창적인 그림 〈절규〉로 유명한 노르웨이 화가 에드바르 뭉크(Edvard Munch)는 가난한 집에서 병약한 몸으로 태어났다. 태어난 순간에 이미 죽음을 경험했다는 그의 말은 과장이 아니다. 다섯 살에 어머니가 세상을 떠났고, 9년 후에는 어머니의 역할을 하던 누나가 같은 병으로 죽었다. 그 사이에 어린 뭉크는 피를 가득 토하여 죽음을 피할 수 없다고 여겼으나, 기적적으로 살아났다. 그에게 죽음은 방 안에 놓인 침대처럼 익숙하고 당연한 무엇이었다.

어머니와 누나의 죽음과 그의 객혈은 모두 결핵 때문이었다. 공기 좋은 곳에서 좋은 식사와 휴식으로 고칠 수도 있었지만 뭉크의 집은 너무나 가난했다.

뭉크의 아버지는 의사였으나, 당시 의사의 사회적 지위는 지금과 같지 않아서 경제적으로 몹시 곤궁하여 끼니를 겨우 때울 정도였다. 어머니의 죽음 이후로 아버지는 종교에 처절하게 매달렸다. 죽어가는 딸을 위해 할 수 있는 것은 기도뿐이었다. 기도는 죽어가는 사람의 목숨을 살릴 수 없었으니, 그 무기력한 기도에 소년 뭉크는 회의했다. 아버지와 불화했고 종교는 그의 마음과 생각을 사로잡지 못했다.

　뭉크는 죽음과 함께 태어났고, 죽음의 불안과 공포와 더불어 성장했다. 몸이 조금이라도 아프면 '이제 내 차례인가?', '나도 엄마와 누나처럼 피를 토하며 죽겠지!'라는 두려움을 떨치지 못했다. 피를 토하는 날에도 슬픔에 찬 눈으로 기도하며 자신을 보는 가족들에게 요구할 수 있는 것은 아무것도 없었다. 이러한 사정을 이겨내기 위한 뭉크의 선택은 무엇이었을까?

죽음의 두려움에 그림으로 맞서다

　"나는 미술이라는 여신에게 충실했고, 그녀는 나에게 충실했다 (…) 우리는 죽지 않는다. 세상이 우릴 떠날 뿐 (…) 내 부패한 육신에서 꽃들이 자랄 테고, 난 만발한 꽃들 속에서 살아가게 되리라."◆

　죽음에 대한 두려움에 뭉크는 그림으로 대응했다. 없애지 못할 두려움과 더불어 살아가는 방법을 터득한 셈이다. 출생의 불운과 단점을 창조적인 작업으로 승화시켰다.

◆　수 프리도, 《에드바르 뭉크》, 윤세진 옮김, 을유문화사, 2008, p.570

에드바르 뭉크
〈아픈 아이〉
1896

–
창조의 대가를 마음으로 치렀을 것이다.
그런 마음의 통증들이 뭉크의 그림들을 명작으로 만들었다.

뭉크는 그림을 그리며 죽음의 불안과 두려움을 조금씩 극복해냈고, 그래서 '자신이 죽는 것이 아니라 세상이 자신을 떠난다'고 생각할 수 있게 됐다. 죽음과 삶을 하나로 인식했고 죽음이 있어야 삶이 뚜렷해짐을 알았다. 파란색만으로는 그것이 얼마나 파란지 알 수 없으니, 그 곁에 빨강을 나란히 두면 그 파랑의 정도가 분명해지는 것과 비슷하다.

특히 〈아픈 아이〉에서는 두려움을 회피하지 않고 직면하려는 용기가 느껴진다. 마치 아픈 상처를 꾹 눌러서 아픔을 잊듯이, 수많은 시간을 불안과 두려움으로 떨었던 그가 그 원인을 응시하겠다는 다짐이 배어 있다.

가족력으로 인한 폐결핵이 그를 죽음의 공포와 두려움에 시달리게 만들었다면, 어머니와 누나 소피가 죽은 후에 처음 그린 〈아픈 아이〉는 그것에서 벗어나고자 하는 간절한 바람을 담고 있다. 뭉크는 〈아픈 아이〉를 죽을 때까지 여러 번 다시 그렸다.

"나는 예술로 삶과 그것의 의미를 설명하고자 노력한다. 그래서 내 그림들이 다른 이들에게 자신의 삶을 좀 더 명확하게 하는 데 도움이 되기를 바란다."◆

◆ 유성혜, 《뭉크》, 아르테, 2019, p. 307

몸의 장애가 마음의 장애가 되지 못한다

프랑스 화가 앙리 드 툴루즈 로트렉(Henri de Toulouse-Lautrec)은 서양 미술사에서 보기 드문 고귀한 귀족 출신이다. 모든 것을 다 가진 아이로 축복받으며 태어났으나, 그가 겪어야 할 어둠도 지독했다. 부모가 서로 이종사촌이었으니 근친결혼이었다. 귀족들은 신성한 피를 보존하기 위해 가까운 혈연들과 결혼했고, 그 결과 자녀들의 신체는 몹시 허약했다. 몸도 왜소했고 상처가 잘 낫지 않는 데다 무엇보다 수명이 짧았다.

이로 인해 태생적으로 뼈가 약했던 어린 로트렉에게 불행한 사고들이 더해졌다. 여덟 살 때 의자에 부딪혀 넘어졌고 1년 후 마차에서 떨어져 한쪽 다리가 부러졌다. 아이들에게 흔히 닥치는 사고였지만, 로트렉의 하반신은 성장을 멈췄다. 상반신은 성인 남자이나 하반신은 어린아이인 채 나이 들어갔다.

150센티미터를 갓 넘은 키에 불편한 다리로 그는 세상 속으로 걸어 들어가야만 했다. 고귀한 신분의 신체 장애인으로 그는 세상의 중심과 주변의 경계선을 어슬렁거릴 수밖에 없었다. 그토록 좋아하던 승마와 사냥을 포기하고, 그걸 즐기는 사람들을 보기만 해야 했다.

다행히도 그림의 재능은 그가 더 큰 불행으로 추락하는 것을

앙리 드 툴루즈 로트렉
〈자화상〉
1882~1883

—

그래도 나는 나를 사랑한다.

막아줬다. 다른 대다수의 사람들처럼 사회 속으로 들어가지 못한 채 경계에 선 그는, 가난으로 웃음과 몸을 팔아야 했던 매춘부들에게 동질감을 느꼈다. 자신의 다리가 조금 더 길었더라면 그림을 그리지 않았을 거라던 로트렉은 때때로 매춘부들에게 값비싼 식사와 와인을 대접했다. 몽마르트의 술집 작부들은 그런 로트렉에게 친근감을 느꼈고, 편견 없이 자신들을 대하는 그를 거부감 없이 대했다.

서로가 서로의 처지를 이해했고, 서로를 멸시하거나 처량한 볼거리로 여기지 않았다. 인간 대 인간으로 서로의 마음을 툭 터놓고 지내는 친구였다. 그래서 어떤 화가들도 보지 못한 작부들의 신체 검사와 잠자는 순간 등을 로트렉은 가까이에서 지켜보았으며, 그것을 화려한 색감으로 표현했다.

이렇듯 로트렉은 육체의 감옥을 그림이라는 열쇠로 열고 나가 사회의 밑바닥에서 힘겹게 살아가는 사람들을 따뜻한 시선으로 포착했다. 자신의 불행과 불운을 딛고 자기만의 소재와 스타일을 구축하여 널리 사랑받는 그림을 만들어냈다.

우리도 원치 않았지만 갖고 태어난 것들이 있다. 그것은 우리가 무엇을 잘못해서 받은 벌이 아님을 알지만, 그 사실을 건조하게 받아들이긴 몹시 어렵다. '내가 뭔가 잘못해서 이렇게 태어났을 거야', '그러니 나는 불행하게 살 것이다'처럼 자기 탓을 하거나

―

머리카락을 잘라 팔아야 했던
가난한 여자들의 사랑은
얼마나 뜨거운가.

남들의 시선에 대항하지 못하고 고개를 수그리게 되기 마련이다.

하지만 더 이상은 내 잘못이 아닌 걸로 자신을 책망하지 말자. 숨을 크게 들이마시고, 내 탓이 아니라고, 별일 아니라고 스스로에게 큰 소리로 말해주자. 몸의 장애를 자신이 사랑하는 존재에 대한 몰입으로 이겨낸 뭉크와 로트렉의 태도는 우리가 살아가는데 몸의 힘만큼 정신의 힘도 중요하다는 걸 보여준다. 몸과 마음을 튼튼히 하여 세상의 잘못된 시선에 나를 길들이지 말고, 언제 어디서나 내가 행복을 느끼는 곳을 찾아 최선을 다하자.

"누구도 완벽하진 않아. 중요한 건 서로에게 얼마나 완벽한가 하는 거야."

_영화 〈굿 윌 헌팅〉

자존감은
베토벤처럼

돈과 명예, 둘 다를 차지할 수 있을까?

"정직하게 백만장자가 된 사람은 없다"던 정치가 윌리엄 제닝스 브라이언의 말이 내비치듯 사람들에게 폭넓게 존경받는 거부는 드물다. 유명한 부자인 빌 게이츠도 자선 활동에 엄청난 돈을 쏟고 나서야 명예를 얻게 됐다. 부자를 동경하면서도 존경하지 않는 기묘한 현상에서, 우리는 돈과 세계관이 충돌할 때 심한 고민을 하게 된다.

부모로부터 물려받은 재산 없이 음악으로만 먹고살아야 했던, 그래서 평생 돈과 예술의 긴장관계 속에서 살아야만 했던 루트비히 판 베토벤(Ludwig van Beethoven)에게도 이런 선택의 순간이 있었다.

미셸 카차로프
〈지휘하는 베토벤〉
1945

–

"나는 베토벤이다."

유럽을 발아래에 두고 호령하던 무적의 나폴레옹을 오스트리
아가 라이프치히 전투에서 꺾자, 베토벤의 조국도 승리의 기쁨과
애국심이 온 나라에 흘러넘쳤다.

이런 시기에 베토벤은 스스로도 높게 평가하지 않은 작품이자,
평소 자신의 생각과도 반대되는 전쟁을 기리는 교향곡 〈웰링턴의
승리〉를 발표한다. 돈을 벌기 위한 변절이었을까?

변절의 비난을 감수한 진짜 이유

"저는 제가 작곡한 중요한 작품을 우리 조국의 제단에
바칠 수 있었으면 하는 소원을 오랫동안 간직해오고
있었습니다."◆

오랜 전쟁으로 경제 상황은 몹시 좋지 않았다. 특히 문화 소
비가 직격탄을 맞았고, 베토벤도 경제적 어려움에 처했다. 조국
을 옥죄어오던 나폴레옹을 격파한 승리의 기쁨에 젖은 오스트리
아인들에게, 영국 장군 웰링턴이 나폴레옹의 대군을 스페인에서
무찌른 전쟁과 승리의 기록을 2부로 나누어 매우 역동적으로 표

◆ 나성인,《베토벤 아홉 개의 교향곡》, 한길사, 2018, p.248

현한 〈웰링턴의 승리〉는 사람들의 마음을 단번에 사로잡는 곡이었다.

대중적인 성공의 한편으론 대가도 치러야 했다. '모든 인간은 평등해야 한다'던 공화주의자 베토벤이 왕정의 축하 행사에 앞장선 꼴이어서, 그동안 자신이 쌓아올린 명성에 금이 갔다. 주머니는 풍성해졌으나 명예는 훼손된 셈이다. 그러니 "조국의 제단" 언급은 소신을 지키지 못한 자의 구차한 변명으로 들리기도 한다.

하지만 다른 설명도 가능하다. 공화주의자든 왕정주의자든 조국을 향한 사랑을 부정하는 것은 아니다. 그 방법과 수단이 다를 뿐이다. 게다가 베토벤 입장에서 생각해보면, 전쟁이라는 특수 상황에서 모처럼 조국이 승리했으니 평소와는 조금 다르게 행동할 수도 있다.

이 사건의 진실을 판단하기 위해서는 〈웰링턴의 승리〉를 연주하던 날의 공연장으로 가봐야 한다.

베토벤은 대규모 관현악곡 〈웰링턴의 승리〉를 연주하고 격찬의 박수를 받은 후, 한 곡 더 들려줬다. 바로 〈7번 교향곡〉이었다.

〈5번 교향곡(운명)〉과 〈6번 교향곡(전원)〉으로 교향곡의 예술성을 극대화시킨 거장으로 자리 잡아가던 그에게 신작 교향곡은 아주 중요했다. 베토벤은 전쟁의 불경기로 음악 공연이 줄면서 신작을 발표할 기회를 갖기 어려웠던 여건을 타개하기 위해서 〈웰링턴의 승리〉를 이용했다. 즉 대규모 청중들이 모인 공연장에서 〈웰링턴의 승리〉를 미끼 삼아 자신의 〈7번 교향곡〉을 초연한 것이다.

'너희들은 〈웰링턴의 승리〉를 들으러 오겠지만, 나는 나의 〈7번 교향곡〉을 들려주겠다'가 베토벤의 속내였다. 평소의 신념과 달리 왕정에 부역하는 비난과 불명예를 감당한 결정적인 이유였다. 자신이 원하는 기회를 잡기 위해서는 비난도 감수했던 베토벤의 융통성 있는 결정이었다. 그렇다면 이로 인해 그의 명예가 훼손되었을까?

자신감과 자존감의 결정적 차이

비평가들은 〈웰링턴의 승리〉의 완성도에 비판을 해댔고, 돈 때문에 평소의 신념과 다른 작품을 만들었다고 비난했다. 그런 말과 글에 베토벤은 개의치 않았다. 이것은 오만했기 때문이 아니라 그가 자존감의 인물이었기 때문이다.

자신감과 자존감의 결정적 차이는 무엇을 판단 기준으로 삼느냐다. 자신감은 어떤 일을 잘해낼 수 있으리란 기대와 평가에서 비롯되는 감정이어서, 상대가 누구냐에 따라 달라진다. 상대에 비해 내가 비교우위에 설 때 자신감으로 충만하나, 반대의 경우엔

주눅이 든다.

예를 들어 대학생 선수가 중학생 선수와 100미터 달리기를 하면 자신감이 커지지만, 국가대표 앞에서는 자신감이 적어지는 것과 같다. 자신감이 추락하면 열등감이 되는데, 이런 일이 반복되면 달리기 자체를 피하게 되고 나보다 잘 달리는 사람에 대해 왜곡된 시선을 갖게 된다.

자존감을 가진 사람은 다르다. '나는 달리기를 좋아하니까, 모든 경기에 최선을 다해 달리겠다. 이기고 지는 것과 상관없이 내 기록을 단축시키기 위해 한 판 신나게 달리겠다.' 이런 마음이니, 패배가 상처가 되어 나를 공격하지 않는다. '국가대표니까 나보다 잘 달리는 게 당연하지. 내 기록을 1초 단축시켰으니 만족한다. 그건 그렇고, 오늘 저녁은 뭐 먹지?'

이처럼 자존감의 판단 기준은 자기 자신이다. 〈웰링턴의 승리〉의 평가에 대한 베토벤의 속마음은 '너희들이 내 음악이 좋다고 해서 내 음악이 좋아지는 것이 아니고, 너희들이 별로라고 해서 별로가 되는 것도 아니다. 내 음악은 너희들의 판단과 상관없이 존재한다. 내 음악은 오로지 내가 판단한다'였을 것이다. 이처럼 자신감은 상대적이고 자존감은 절대적이다.

누구도 내 자존감을 상처내지 못한다

〈웰링턴의 승리〉를 둘러싼 세상의 말은 베토벤에게 조그마한 상처도 내지 못했다. 오히려 그가 그렇게까지 할 수 있었던 이유는 '이렇게 해도 내 음악 세계가 변질되거나 내 세계관이 바뀌지 않는다'는 확신에서 비롯됐기 때문에, 〈웰링턴의 승리〉와 〈7번 교향곡〉의 성공은 베토벤의 승리였다.

스스로를 존중하지 않는 자를 누구도 존경하지 않는다. 명예는 돈에 초탈한다고 저절로 주어지는 것이 아니라, 자기가 자신의 자존감을 지켜내야 얻어진다.

나의 이익과 세계관이 충돌할 때, 돈을 얻으면서 명예도 지키고 싶을 때, 어떤 결정을 하든 베토벤처럼 외부의 판단에 훼손되지 않을 만큼 우리의 자존감을 튼튼하게 지켜내자. 나보다 나은 상대의 어떤 면을 부러워는 하되, 그로 인해 나를 찌르는 가시로 만들지는 말자. 그래야 내가 나로서 행복하다.

언제나 나는 내 편이어야 한다.

"세상은 권력자처럼 호의의 대가로 아
첨을 원한다. 그러나 진정한 예술은 이
기적이고 비뚤어진 것이다. 나는 아첨
의 형틀에 복종하지 않는다."

_루트비히 판 베토벤

두 번째
인생을

살고 싶을
때

인생을 두 번에 나눠 살 수 있다면 어떨까?

　삶을 다시 처음부터 시작하고 싶을 때가 많아지는 나이에 이르면 그런 상상을 자주 하게 된다. 그래서 그걸 실제로 실행한 이들에게 관심이 가는데, 러시아 문학을 대표하는 소설가 레프 니콜라예비치 톨스토이(Lev Nicolayevich Tolstoy)가 바로 그런 사람이다.

　《전쟁과 평화》,《안나 카레니나》등을 통해 인간의 운명과 사랑의 파국을 실감 나게 그리며 위대한 소설가로 불린 톨스토이. 막대한 영지를 가진 귀족의 넷째 아들로 태어난 그는 학교보다 술집과 연회장 가는 데 더 열심이었다.

　당시 귀족 청년들처럼 톨스토이도 술과 담배, 여자와 도박 등 삶의 갖가지 쾌락에 빠져 살았다. 특히 여성을 향한 욕망은 스스로 인정하듯이 과도했고, 그로 인해 성병에 걸리기도 했는데 상대를 가리지 않는 방탕한 삶은 포기하지 않았다.

프랑스 계몽주의 철학가 루소와 몽테스키외 등의 영향을 크게 받아 농민의 깨우침에 앞장서고자 하는 등 이상은 높았으나 현실의 신분제를 타개할 힘은 없었다. 청춘의 희망이 좌절되자 쾌락을 향한 열정은 더욱 뜨겁게 달아올랐고, 그럴수록 몸의 욕망과 자신의 비도덕에 대한 자책감도 커졌다. 부잣집 도련님 톨스토이는 남모르는 고민 속에서 도피하듯 자원입대했다.

이때 겪은 전쟁의 경험을 소설《유년시절》로 발표하며 그는 신인 작가로 명성을 떨치게 된다. 전쟁터와 소설을 오가며 보낸 20대를 뒤로하고 서른 즈음 자신의 영지에 정착해 결혼으로 안정된 생활을 영위하면서《전쟁과 평화》와《안나 카레니나》같은 명작을 썼다. 한마디로 톨스토이는 커리어의 성공, 돈과 명예, 부인과 자식 등 모든 것을 다 가진 남자였다. 하지만 쉰 살 무렵에 발표한《참회록》에서 토로한 자신의 과거는 달랐다.

"공포와 혐오와 아픔을 느끼지 않고는 나는 그 시절을 회상할 수가 없다.

나는 전쟁에서 많은 사람들을 죽였다. 죽이기 위해 남

에게 결투도 신청했다. 노름 때문에 돈을 크게 탕진한 적도 있다. 농부들이 땀 흘려 수확한 것으로 무위도식 하면서도 그들을 처벌했다. 간음도 했고 거짓말도 했다. 기만, 절도, 만취, 폭행, 살인 등등 내가 저지르지 않은 죄악은 거의 없었던 것 같다."◆

위대한 소설가로 세계적인 명성을 누리던 그의 폭탄 같은 고해성사였다. 중년의 허무함 때문인지 탕자의 깨달음인지 불분명한 이유로, 그는 자신의 과거는 물론 명작으로 추앙받던 작품에 대해서도 치열하게 반성했다. 그것을 고스란히 《참회록》에 담았고, 강경한 도덕주의자로 두 번째 인생을 살기 시작한다.

자기만을 위해 살던 자가 남을 위해 살기로 결심하는 일, 몸의 쾌락과 이기적인 과거를 뉘우치고 착하고 바른길로 돌아가는 일, 한 인간의 마음의 변화가 너무도 극적이기에 세상은 이를 톨스토이의 '회심(回心)'이라고 부른다.

◆ 석영중,《톨스토이, 도덕에 미치다》, 예담, 2009, p.9 톨스토이《참회록》재인용

세상을 바꾸고 싶어 나 자신부터 바꾸기로 했다

노년의 깨달음일까, '꼰대'에 가까운 엄격함일까 보는 이에 따라 판단은 나뉘지만, 중요한 건 이런 회심을 외부 여건의 변화나 죽음을 앞둔 질병 때문이 아니라 스스로의 각성과 깨달음으로 했다는 점이다.

《참회록》 이후 그는 귀족이자 명예로운 예술가라는 안락한 자리에서 내려와 시골 농부들 속으로 성큼성큼 걸어 들어갔다. 20대 초반에는 이상에 그쳤던 농촌 계몽을 50대 들어서 농부와 더불어 소박하고 도덕적으로 실천하기로 한 셈이다.

생각이 바뀌자 작품의 내용도 달라졌다. 불륜으로 무너지는 안나의 파국을 그린 《안나 카레니나》에서 도시를 떠나 농촌에서 소박한 삶을 일구는 중요성을 암시하던 톨스토이는, 더 쉽고 직접적으로 자신의 생각을 책에 담았다.

가난하고 배우지 못한 농부와 노동자들이 읽기 편하게 인생격언집(《사람은 무엇으로 사는가》와 《사람에겐 얼마만큼의 땅이 필요한가》 등)과 어른들을 위한 동화 소설(《바보 이반》과 《이반 일리치의 죽음》)을 썼다. 도덕적이고 정직한 사람들이 누리는 삶의 위대함을 찬양하는 내용이었다. 노년의 대가는 쉬운 글로 깊은 가르침을 전달하여, 많은 사람의 마음을 움직였다.

귀족으로 놀고먹어도 되었던 톨스토이는 노동에 대한 관점도 완전히 달라졌다. 하루는 자신의 아들 하나가 전날 늦게까지 술 먹고 점심이 되도록 침대에 누워 있는데, 하인은 벌써 수십 가지 일을 했다는 사실에 불같이 화를 냈다.

신분 차이로 당연시되던 일도 이제 완고한 도덕주의자 톨스토이는 도저히 용납할 수 없었다. "일하지 않는 자 먹지도 말라"며, 인간은 남의 노동에 기생하여 먹고살아서는 안 된다고 가르쳤다.

돈에 대한 생각의 변화도 극적이다. 그는 엄청난 수익을 보장하는 작품의 저작권과 재산 관리권 포기를 신문에 공표하려 했다. 이에 부인은 자살을 시도할 정도로 극렬하게 반대했다. 어린아이들의 양육과 교육 등에 드는 비용을 생각하면 부인의 태도도 이해된다. 그럼에도 그는 꿋꿋하게 빈민구제 사업에 매진했고, 러시아 민중의 사랑과 존경을 받았다.

톨스토이가 찾은 삶의 비법은?

19세기 말에 쉰 살이면, 지금 기준으로 80세 이상일 듯하다. 그즈음에 스스로 삶에 대한 태도를 바꾸기는 굉장히 어렵다. 공자도 쉰 살이면 하늘의 뜻을 알아 순응하거나 하늘이 만물에 부여한 최선의 원리를 안다는 '지천명(知天命)'으로 비유했는데, 이것은 톨스토이가 말한 도덕과 뜻이 넉넉하게 통한다. 전반기의 톨스토이는 소설가로, 후반기는 삶의 깨달음을 실천하는 도덕군자로 살았다. 그렇다면 그가 찾은 올바른 삶의 비법은 무엇일까?

"그는 예술가였지만 예술을 미워했다. 귀족이었지만 귀족을 미워했다. 90권이나 책을 썼지만 말을 믿지 않았다. 결혼을 했지만 결혼 제도를 부정했다. 언제나 육체의 욕구에 시달리면서 금욕을 주장했다. 천재적인 두뇌의 소유자였지만 지성을 증오했다.

이런 모순을 짊어지고 살아야 했으니 얼마나 고통스러웠겠는가. 그는 이 고통 속에서 몸부림치면서 올바른 삶의 방법을 모색했고 눈을 감는 순간까지 해답 찾는 일을 중단하지 않았다.

절제해야 한다, 정직하게 살아야 한다, 착하게 살아야 한다, 사랑해야 한다, 나를 위해서가 아니라 남을 위해서 살아야 한다 — 이것이 그가 찾은 해답의 핵심이다."◆

흰 종이도 시간이 흐르면 하얗게 유지하기 힘든데, 때가 얼룩덜룩 진 종이를 하얗게 바꾸기는 몹시 어렵다. 우리의 인생도 마찬가지다. 극심한 갈등과 고통, 노력과 절제가 뒤따라야만 불만족

◆ 같은책, p.11-12

스러운 과거의 나와 단절할 수 있다.

톨스토이는 그런 인간적인 괴로움과 고통을 조금씩 극복하며 더 나은 인간이 되려고 애썼다. 노년의 그가 발견한 삶의 비법이 대단하거나 이전에 몰랐던 가치가 아니다. 절제와 정직, 사랑과 타인을 위한 삶은 초등학교에서 이미 배운 삶의 좋은 덕목들이다. 톨스토이는 그것을 실천하려고 자신이 가진 수많은 기득권을 스스로 포기했다.

톨스토이의 회심에서 배워야 하는 것은, 자신의 깨달음을 현실에서 실현하는 용기다. 용기는 두려움이 없는 것이 아니라 간절히 얻길 원하는 마음이다. 톨스토이는 위대한 소설가보다 엄격한 도덕주의자가 되길 간절히 원했고, 많은 반대를 돌파하며 그것을 실천했다.

우리에게도 새로운 깨달음을 구하는 노력보다 이미 알고 있는 깨달음을 하나라도 당장 실천하는 용기가 필요하다. 어느 나이에 이르면 우리는 대체로 어떤 문제에 대한 답은 이미 알고 있지만, 그것을 실천할 의지가 없거나 변명을 찾기 급급하기 때문이다.

용기 내서 깨달음을 실행하자

스콧 니어링과 헬렌 니어링 부부의 《아름다운 삶, 사랑 그리고 마무리》에선 본받아야 할 위인들의 삶의 덕목을 나열했다.

'소크라테스와 이성의 법칙, 소로의 간소한 생활, 마르크스와 엥겔스의 착취에 대한 저항, 간디와 비폭력, 빅토르 위고와 인도주의, 예수와 사회봉사, 공자의 중도, 그리고 톨스토이와 자기포기'였다. 여기서 말하는 자기포기란, 자신이 쌓아 올린 명성과 명예의 산에서 스스로 내려와 평범한 사람들과 어깨동무하는 용기와 의지일 것이다.

톨스토이는 인생의 전반기 30여 년을 오로지 자기를 위해 이기적으로 살았고, 후반기 30여 년을 자신이 원하던 엄격한 도덕주의자로 남을 위해 살았다. 그는 깨달음을 실천한 용감한 사람이었다. 우리도 지금까지와 다른 삶을 살고자 하지만 막연한 두려움으로 주저하게 될 때, 내 머리를 번쩍 베는 듯한 깨달음을 얻었지만 실천하지 않을 때, 새로운 도전이나 삶의 방향 전환에 주변의 반대에 부딪힐 때, "신보다 너 자신을 먼저 믿어라"라는 톨스토이의 말에 용기 내어 한 발 성큼 내디디면 좋을 듯하다.

"스스로의 노력으로 작은 변화가 일어
날 때 진정한 삶이 시작된다."

_레프 니콜라예비치 톨스토이

혼자
뒤처진 것 같아

고민하는
그대에게

'가난한 독학자'. 같이 있으니 더 슬픈 단어들이다. 가난은 그 자체로 삶의 힘겨움을, 독학자는 혼자 배우고 혼자 깨우치고 혼자 평가해야 하는 외로움을 감당해야 하기 때문이다. 미술 독학자라면 적지 않은 재료비와 각종 부대 비용까지 재정적 부담이 더해진다. 여기에 미술을 취미생활로 간주하지 않던 시대에선 먹고살기 바쁜데 돈 들여 그림 그리는 사람을 정상으로 보지 않았다. 그런 곱지 않은 시선을 받은 대표적인 인물이 프랑스의 '세관원 루소'로 불리던 앙리 루소, 미국에서는 '모지스 할머니(Grandma Moses)'다.

1860년에 뉴욕의 농부 집안에서 태어난 애나 메리 로버트슨은 당시 보통의 여자아이들처럼 주변 부유한 이웃집에 가정부로 취직해 들어가 살았다. 가족처럼 대해준 주인집 덕분에 학교를 다녔던 애나는 스물일곱 살에 농장에서 함께 일하던 토머스 살몬 모지스와 결혼하여 소작농으로 일하며 아이들을 낳아 길렀다.

당시 여느 농부의 딸의 인생과 별반 다르지 않았는데, 애나 모지스는 우연히 손자 방에서 도화지와 물감을 보고 어릴 적 꿈이 화가였음을 떠올렸고 본격적으로 그림을 그리기 시작했다는 점이 달랐다. 심지어 그때 나이가 75세였다.

20세기 초반의 미국에서 가난한 농부의 부인이 궁핍한 생활을 하면서 혼자 꾸준히 자수나 물감으로 그림을 그리다가 70대 중반에 그림을 본격적으로 시작했다는 점, 더 나아가 그 그림이 사람들에게 널리 사랑받았다는 점은 너무나 가슴 뭉클하다.

미국의 국민 할머니 화가가 된 비결

"이제라도 그림을 그려서 얼마나 다행인지 모릅니다.
나의 경우에 일흔 살이 넘어 선택한 새로운 삶이 그
후 30년간의 삶을 풍요롭게 만들어줬습니다." ◆

모지스 할머니는 지역의 박람회와 자선 바자회 같은 행사에 그

◆ 이소영,《모지스 할머니, 평범한 삶의 행복을 그리다》, 홍익출판사, 2016, p.138

림을 전시했지만, 누구도 관심을 보이지 않았다. 이런 소박한 그림은 그것을 알아보는 눈을 가진 사람을 만나야만 세상에 빛을 발휘한다. 모지스 할머니의 경우에는 미술품 거래상 루이스 칼더가 그런 사람이었다. 그가 약국에 걸려 있던 할머니 그림을 발견한 순간, 가난한 독학자는 서서히 행운의 아마추어로 거듭난다.

그는 전문 화가들이 사용하는 물감과 캔버스를 선물했으며, 각고의 노력으로 미국 곳곳에 그림을 적극적으로 소개했지만 반응은 영 시큰둥했다. 하지만 뉴욕 에티엔 갤러리에서 열린 전시회 〈어느 농부의 아내가 그린 그림들〉이 결정적 반전이었다. 뉴욕 관람객들의 찬사와 유명인들의 작품 구매가 이어지면서, 모지스 할머니의 작품은 미국 전역에서 열리는 전시회에 초대받았다.

특히 2차 전쟁 직후인 1946년(86세)에는 모지스 할머니의 소박한 그림으로 만든 연하장과 크리스마스 카드가 6,000만 장 이상 팔림으로써 전국적인 명성을 얻었다. 그러자 할머니에 관한 다큐멘터리 영상물들이 만들어지고 자서전도 출간됐다. 무명의 독학 여성 화가로서는 그 당시의 누구와도 비교할 수 없을 명성과 명예를 누린 모지스 할머니는 1961년 12월 13일 101세의 나이로 눈을 감았다. 작품을 판 수입금은 모두 농촌 기술 지원금과 가난한 이웃들, 불치병 환자들에게 써달라는 유언을 남겼다.

"그녀(모지스 할머니)의 그림이 지닌 진솔함과 발랄함은 미국

모지스 할머니
〈단풍설탕 만들기〉
1955

—
그림이 따사로워
겨울도 춥지 않다.

풍경에 대한 인식을 목가적인 생생함으로 회복시켰습니다. 그녀의 작품과 생애는 미국의 전통 문화를 향한 새로운 관점을 제시하였고, 개척시대 시골의 근원을 상기시켰습니다. 모든 미국인들이 그녀를 잃은 것을 애도합니다."◆

미국 대통령 존 F. 케네디는 모지스 할머니의 추모사에서 이렇게 말했다. 전위적인 실험과 도발적인 시도 등 현대미술이 유행하던 당시에, 왜 미국인들은 모지스 할머니의 그림을 그토록 사랑했을까?

삶을 사랑하자

모지스 할머니(1860년생)는 반 고흐(1853년생)보다 일곱 살 어린데, 30대 초반에 시작한 반 고흐보다도 마흔 살이나 더 나이를 먹어서 그림을 본격적으로 시작했으니 당시로선 얼마나 신기한 경우였을까?

전문 화가로 산 기간이 반 고흐는 7년 남짓이지만 모지스 할머니는 무려 30년에 가깝다. 75세부터 101세까지, 그는 총 1,600여

◆ 같은 책, p.158

점에 달하는 그림을 그렸다. 그 사실도 놀라운데 따스함을 품은 그림들 뒤 창작자의 이야기는 더욱 절절하다. 모지스 할머니는 열 명의 아이를 낳았으나 다섯 명은 태어나자마자 죽었다. 이어 결핵 등으로 장성한 아이 둘을, 심장마비로 남편을 먼저 떠나보냈다. 그런 곡절 많은 죽음의 고개를 지나오면서도 그는 삶을 저주하거나 회피하지 않았고, 인생을 사랑하는 사람으로 꿋꿋하고 건강하게 살았다. 주변을 사랑하고 자신의 운명에 고마워했다.

이런 삶의 태도가 녹아든 그림은 기술적으로는 못 그렸어도 정서적으로는 사람들을 확 끌어당긴다. 이런 힘이 그림에서 보이는 요소들을 통해 그림 너머로 보이지 않는 무언가를 보게 만든다. 모지스 할머니의 그림을 보면, 우리는 멋부리지 않은 소박함과 아이의 마음 같은 천진난만함, 주변 사람에 대한 따스한 사랑을 보았다고 느낀다. 원근법과 인체 비례, 어색한 동작 표현, 과장된 몸짓 등 거의 모든 부분이 기존 관점에서는 잘 못 그렸지만, 그 어눌함은 순수함으로 2차 대전 후 피폐해진 미국인들의 마음을 사로잡았다.

"나는 삶의 역경을 만날 때마다 나름대로 최선을 다했어요. 삶은 우리가 만들어나가는 것이에요. 언제나 그랬고, 앞으로도 그럴 겁니다."◆

모지스 할머니

〈크리스마스를 기다리며〉

1960

주어진 운명에 최선을 다하며 살아온 인생, 그런 자신의 삶과 이웃들의 일상의 순간들이 담긴 모지스 할머니의 그림들은 '어느 정직한 사람의 그림일기'로 느껴진다.

모든 사람에겐 저마다 인생의 속도가 있다

"사람들은 늘 내게 늦었다고 말했어요. 하지만 사실 지금이야말로 가장 고마워해야 할 시간이에요. 진정으로 무언가를 추구하는 사람에겐 바로 지금이 인생에서 가장 젊은 때입니다. 무언가를 시작하기에 딱 좋은 때이죠."◆◆

사람들은 저마다의 삶의 리듬을 갖고 산다. 어린 나이에 성공했다가 추락해서 평생을 어둡게 사는 이가 있는가 하면, 50세에 사회의 부름을 받고 30여 년을 세상의 주목을 받으며 살기도 한다. 대부분의 우리는 남들과 비슷한 시기에 학교를 졸업하고 직장에 취직하고 결혼하고 살아간다. 하지만 지금 남들처럼 산다고 평생 그렇게 살아야 하는 것은 아니다. 열정이 있는 한 늙지 않는다

◆　같은 책, p.156
◆◆ 같은 책, p.31

던 모지스 할머니의 말씀처럼, 무기력한 일상에 심장을 뛰게 만드는 무엇을 간직하고 있다면, 그리고 그 무엇이 내 안에서 점점 뜨거워지고 있다면 언젠가는 100도라는 끓는 점을 넘을 것이다. 언제든 그때가 오면, 우리는 그 무엇을 일상의 중심에 두고 열심히 살면 된다.

아마추어는 무엇을 사랑하는 사람이란 뜻으로, 그 일을 해서 돈을 버는 사람인 프로페셔널과는 다르다. 그림을 좋아해서 물감 대신 포도즙이나 레몬으로 색칠하고 황토로 그림을 그리던 소녀 애나는 그림을 향한 자신의 열정이 75세에 끓어올랐고, 남은 생의 매일을 그림을 그리며 행복하게 살았다. 남들 눈에는 죽음을 곧 맞이할 나이, 그림을 시작하기엔 너무 늦은 나이였으나, 모지스 할머니는 지금이 인생에서 가장 젊은 때로 무언가를 시작하기 딱 좋다고 생각했다.

이런 긍정적인 눈으로 바라본 세상을 그는 소박한 그림으로 완성해냈고, 고향을 재발견한 듯 미국인들은 할머니 그림 앞에서 더없이 행복해했다. 이런 소박함과 맑음이 담긴 그림이 지금 여기까지 날아와 우리에게 스며드는 이유다. 조금 늦어도 괜찮으니, 언제든 새롭게 가슴 뛰는 일을 시작하는 세상의 모든 아마추어들에게 찬사와 지지를 보낸다!

"당신은, 당신이 행복하기 위한 시간을
내고 있나요?"

_모지스 할머니

work&money

/

나로서
행복해지기 위해
일하며
살아간다

내 일을
큰돈으로

연결시키는
조건

모차르트는 신동이다. 하늘이 특별히 그에게 어마어마한 음악적 재능을 주었고, 덕분에 그는 네 살에 악기 연주는 물론이고 작곡을 했으며, 교황과 황제 앞에서 연주를 해 경탄을 받았다.

'신이 사랑하는'이란 뜻의 아마데우스라는 이름이 어울릴 만한 사람이었다. 독일과 프랑스 등 전 유럽으로 연주 여행을 다녔으며, 가는 곳마다 사람들을 놀래키고 신의 걸작품으로 칭송받았다.

많은 유력 가문에서 연주를 초청하고 앞다투어 피아노 레슨을 받으려 했다. 그의 실력을 의심하는 사람들이 만든 시험의 장에서 그들의 코를 납작하게 만들었다. 실력과 소문이 결합되며 모차르트의 명성은 전 유럽에 걸쳐 멀리까지 퍼져 나갔다.

언제나 소문은 확대 재생산되며 스타를 만든다. 그로 인해 지금도 우리는 하루에 한 번은 핸드폰 벨소리나 카페의 출입문, 엘리베이터 안에서나 자동차 후진 시에 모차르트의 음악을 들을 정도다. 모차르트의 음악에 관한 저작권이 지켜진다면 오스트리아를 살 수도 있다는 어느 경제학자의 말에 수긍이 간다.

그런데 이렇게 놀랄 만한 재능과 인기를 누렸던 모차르트가 비참하게 가난한 상태로 죽었다. 그의 경제 상황이 잘 납득되지 않는다. 그동안 번 많은 돈을 다 탕진했다는 뜻일까? 칭송이 쏟아진 음악적 재능만으로는 부자가 될 수 없었던 것일까?

인생에는 천재가 없다

모차르트는 35세에 분명치 않은 원인의 병으로 세상을 떠났다. 당시 평균 수명으로 따져도 이른 죽음이었다. 어린 시절의 놀랄 만한 명성에 비하면 한없이 초라한 장례식이 치러졌고, 다른 시신들과 함께 버려지듯 매장됐다. 얼마 후에 그의 시신을 찾으려 했지만 모두 헛수고였다. 그래서 지금도 비엔나에는 그의 주검 없는 묘지만 서 있다.

그의 생애를 자세히 들여다보면, 모차르트의 천재적인 재능이 인생에는 독약이었다. 왜냐면, 어떤 일을 잘하는 것과 그 일을 할 수 있는 자리에 가는 능력은 다르기 때문이다.

어떤 일을 잘하는 능력만으로 사회적 성공은 담보되지 않는다. 그 능력을 발휘할 수 있는 자리에 가야만 한다. 아무리 연기를 잘 하는 배우라도, 출연 기회를 얻지 못하면 소용이 없다. 좋은 의사 가 되기 위해선 일단 의사부터 되어야 한다.

"아버지는 메트로폴리탄 교회의 마에스트로서서, 제 가 원하는 만큼 곡을 쓸 수 있는 기회를 주셨습니다."

모차르트의 말처럼 어린 시절엔 그 역할을 아버지 레오폴트가 맡았다. 레오폴트는 그 자신의 안정적인 지위를 활용해 제 아들의 재능을 선보일 수 있는 자리를 적극적으로 만들었고, 모차르트는 사뿐히 걸어나가 연주만 하면 됐다. 나이가 들면서, 아버지를 벗 어나 독립한 모차르트는 압도적인 자기 실력만 믿고 자기가 원하 는 음악만 열심히 만들었다.

그는 궁정에서 악장과 같은 정규직 자리를 갖기 위한 노력을 게을리했었다. 오히려 〈피가로의 결혼〉처럼 자기에게 일거리를 주는 황제와 귀족들을 공격하는 내용의 오페라를 만들어서, 괜한 미움만 더 받았다.

이처럼 모차르트는 재능과 실력만 믿고 그것을 안정적으로 발 휘할 수 있는 자리에 가는 능력은 무시했다. 그 결과 재능은 그의 현실에 걸림돌이 되었다. 아무리 빛나는 다이아몬드라도 흙 속에 묻혀 있으면 소용없다.

어떤 자리를 차지하는 능력도 필요하다, 라고 하면 혹자는 속물적이고 부정한 느낌을 받을 수도 있다. 일은 제대로 하지 못하면서 자리를 얻는 능력만 탁월한 경우는 그렇지만, 실력이 비슷한 경우엔 이런 능력이 필수적이다. 비도덕적이거나 나쁜 짓이 아니다. 자리는 한정적이고 원하는 사람이 많을 때는 정정당당하게 그 자리를 얻으려는 노력이 필요하다. 설령 그것이 다시 없을 천재인 모차르트라고 해도 말이다.

자리를 차지하는 능력도 필요하다

영화 〈올드보이〉로 칸영화제에서 감독상을 받으며 단숨에 세계적인 감독의 반열에 오른 박찬욱은 어쩌면 둘 다를 성공적으로 이룬 경우로 보인다. 그는 데뷔작부터 독특한 내용과 연출로 몇몇의 눈길을 끌었지만 상업적으로는 연이은 실패를 맞았다. 그래서 영화를 찍지 못하는 영화감독으로 살아가던 중 어느 프로듀서의 권유로 〈공동경비구역 JSA〉 연출의 기회를 잡았고 그는 일약 흥행 감독이 되었다.

그 인기와 명성을 기반으로, 잘 팔리는 상업적인 요소보다 자신이 원하던 색깔을 펼친 영화 〈복수는 나의 것〉으로 평론가와 관객에게 자기 세계를 확신하고 노력한 결과를 인정받게 되었다. 만약 자신이 찍고 싶은 예술 영화만 줄곧 고집했다면, 그는 자신이 들려주고 싶은 이야기를 관객들에게 영화로 보여줄 기회를 얻지 못했을 가능성이 높다. 영화를 만들 수 있는 자리에 갔고, 그런 다음 자신이 만들고 싶은 영화를 완성해냈다.

예술에는 천재가 있지만, 인생에는 천재가 없다고들 한다. 12세의 바이올린 신동은 있지만, 그가 60세처럼 인생을 지혜롭게 살기는 어렵다는 뜻이다.

인류 역사상 가장 위대한 천재로 불리는 모차르트조차도 실력만으로는 성공을 유지하지 못했다. 그에 비하면 너무나 평범한 우리는 어떤 일을 잘하는 실력을 갖기 위한 노력만큼, 그 일자리를 얻기 위한 노력도 해야만 한다.

고흐의
직업 선택법이

말하는 것

"세상에서 가장 유명한 그림이 무엇입니까?"

사람들에게 이렇게 물으면 전 세계 어디든 대부분 〈모나리자〉로 대답한다.

"세상에서 가장 유명한 화가는 누구입니까?"

그런데 이렇게 질문을 바꿔보면, 〈모나리자〉를 그린 레오나르도 다빈치보다 빈센트 반 고흐(Vincent van Gogh)라는 사람들이 더 많다.

작품보다 화가의 이름이 유명해진 데는 이유가 있다. 그는 예술을 위해 자신의 모든 것을 바쳤으나, 당시에는 작품을 인정받지 못해 자살한 화가라는 비범한 이미지를 갖고 있기 때문이다.

고흐는 가난한 예술가의 작품이 숭고하다는 인식을 만들어냈다. 사실 세상에 가난할수록 존경받는 직업이 있다면 그것은 성직자 정도다. 그는 어떻게 이런 독특한 위치를 차지하게 됐을까?

인생은 좋아하는 일을 잘하는 과정

대대로 고흐 집안 남자들의 직업은 갤러리 직원과 성직자였다. 아버지는 목사였고, 숙부는 갤러리를 운영하고 있었다. 고흐의 첫 직장은 숙부가 공동 소유주로 있던 갤러리였다. 주로 유명 명화 등을 판화로 대량 생산해서 판매하는 곳이었는데, 10대 후반에 일을 시작한 고흐는 꽤 유능해 런던 지사로 파견될 정도였다. 하지만 런던 생활을 시작하고 몇 달 후부터 손님들에게 불친절하고 무단결근을 하는 등 근무 태도가 상당히 좋지 않았다. 첫사랑에 실패한 그가 모든 일에 의욕을 잃고 자포자기의 심정으로 하루하루를 보내고 있었기 때문이다.

얼마 동안의 휴가 후 직장에 복귀했지만 여전히 상처는 치유되지 않았고, 결국 그는 해고당했다. 가문에서 얻은 직업을 천직으로 받아들이고 열심히 했었지만, 시간이 지날수록 '이게 아니야'라는 자기 내면의 목소리가 점점 커져만 갔다.

잘하는 일을 그만둔 20대 초반의 고흐는 진정으로 하고 싶은 일을 찾기 시작했다. 방황의 시기 동안 그는 짧게는 며칠부터 길게는 몇 달까지, 서점 직원부터 영국 지방의 프랑스어 교사를 거쳐 설교사로 직업을 바꾸었다.

직업이 한번 정해지면 죽을 때까지 해야 한다고 믿던 시대에, 고흐의 이런 모습은 무책임하고 불성실해 보였다. 그 결과 당시로는 중년인 서른 살이 되어서도 변변한 직업을 갖지 못해서 제 밥벌이조차 하지 못했고, 결혼은 꿈도 꾸지 못했다.

가족과 사회로부터 고흐는 문제아로 낙인찍혔다. 이런 불행의 원인은, 외골수 같은 그의 성격 탓도 있지만 직업 선택 기준이 남달랐기 때문이다.

좋아하는 일과 잘하는 일이 있다면, 어느 쪽을 직업으로 선택할 것인가?

주어진 일을 잘하기 위해 노력하던 시대에 고흐는 좋아하는 일을 잘하기 위해 노력하는 삶을 선택했다. 말 그대로 직업을 자아실현의 수단으로 생각했다. 이를 위해서는 우선 자신의 인생을 걸만큼 좋아하는 일을 찾아야만 했다.

고흐의 이직 사유

탄광 지역의 전도사였던 반 고흐는 서른 살 무렵에 "복음서에는 렘브란트의 무엇인가가, 렘브란트에는 복음서의 무엇인가가 있어"(1880년 7월 동생 테오에게 보낸 편지)라며 그림으로 가난한 사람들의 영혼을 위로하는 화가가 되기로 결심했다.

드디어 그는 자신이 원하는 일을 찾았지만 가족의 반대가 극심했다. 그도 그럴 것이 당시 반 고흐의 상황을 요즘으로 비유하면, 마흔 중반 넘어서 갑자기 직장을 그만두고 발레 무용수나 직업 화가가 되겠다는 경우처럼 비상식적이기 때문이다.

세상 사람들 눈에는 미치광이처럼 보였어도 그는 더 이상 하기 싫은 일을 억지로 하면서 남은 인생을 살 수 없었다. 그에게 그림은 종교의 다른 면이었다. 그는 성경 속 장면 묘사가 아닌 종교의 본질인 '인간의 영혼을 위로'하는 그림을 그릴 작정이었다. 여기서부터 그의 비극은 피할 수 없게 된다.

잘 팔리는 그림을 그리겠다고 덤벼도 먹고살기 어려울 판에, 그림으로 가난한 사람의 마음을 위로하겠다니…. 그런 의도로 완성된 그림이 〈감자 먹는 사람〉 같은 작품인데, 당시에는 팔리지 않았다. 국가나 돈 많은 부자들은 그런 어둡고 칙칙한 그림을 사지 않기 때문이다. 자기가 원하는 그림을 그릴수록 팔리지 않는 그림은 늘어가고, 새로운 그림을 그리기 위해서는 재료비가 드니,

점점 더 가난해질 수밖에 없었다. 그 모든 난관을 견디며 한 발씩 앞으로 내디뎠다. 동생에게 돈을 받아 사는 처지였으나, 그는 꿋꿋하게 자신이 원하는 그림을 그리며 나이 들어갔다.

좋아하는 것을 포기하지 말자

어느 인터뷰에서 배우 황정민에게 기자가 연기를 위해 애호하는 술을 완전히 끊어야 한다면 어떻게 할지를 물었다. 진솔하고 독보적인 연기로 사랑받는 대한민국의 손꼽히는 배우인 그여서, 당연히 술을 끊겠다고 할 줄 알았다. 그런데 별다른 고민 없이, 연기를 포기하겠다고 답했다. 모두가 깜짝 놀랐다. 그러면서 덧붙이는 그의 설명이 참 인상적이었다.

"연기 말고도 잘하는 것이 또 있을 거예요. 그거 하면서 살면 돼요."

자기가 좋아하는 것을 포기하면서까지 해야만 하는 일은 인생에서 별로 없다. 어떤 일을 하는가보다 그 일을 하며 내가 행복할까를 먼저 묻는 태도, 새로운 일을 하며 사는 인생도 즐겁지 않을까?라는 유연한 생각과 더불어, 좋아하는 것을 위해 잘하는 일도 포기하는 단호한 용기가 명배우를 만든 힘인가 싶었다.

좋아하는 일이 있지만 잘하지 못할 것 같아 두려울 때, 돈을 벌어야 한다는 이유로 가슴에서 불처럼 끓어오르는 하고 싶은 일을 계속 내일로 내년으로 미루고만 있을 때, 고흐가 어느 여름, 여동생에게 쓴 편지 구절에 용기를 얻길 바란다.

잘하는 일을 하면 편하지만, 좋아하는 일을 하면 행복하다.

"마음속에 타오르는 불과 영혼을 가지고 있다면, 그걸 억누를 수는 없으니 터뜨리기보다는 태워버리는 게 나아.

나에게 그림을 그린다는 것은 구원이고, 그림이 없었다면 지금보다 더 불행했을 테니까."

_빈센트 반 고흐(1887년 여동생 빌에게 쓴 편지 중에서)

잘하는 일을
좋아하면

인생이
편하다

좋아하는 일을 잘하려고 노력한 빈센트 반 고흐의 이야기를 보았다. 처음의 미숙한 실력을 놀라운 열정으로 극복한 그의 삶은 무기력하게 하루하루를 보내는 우리를 각성시킨다. 하지만 막상 가난을 감수하고 하고 싶은 일에 매진하며 살라고 하면 주저하게 된다. 그렇다면 잘하는 일을 즐기며 사는 삶은 어떨까?

재능은 노력으로 실력이 된다

엘리자베트 비제 르브룅(Élisabeth Vigée Le Brun)은 가장 성공한 여성화가이자 마리 앙투아네트의 전담 초상화가였으며, 장 밥티스

엘리자베트 비제 르브룅

〈자화상〉

1781년

–

26세 시절.

트 그로즈에 비견되는 동시대 최고의 초상화가로 불린다.

프랑스 파리의 파스텔 화가로 활동한 아버지 루이 비제의 영향인지 기숙학교를 다니던 시절부터 데생과 회화, 파스텔에 상당한 두각을 드러냈다. 18세기 보수적인 사회에서 다행히 이런 재능 있는 엘리자베트 비제에게 여러 화가들이 선생이 되어주었고, 그의 재능은 크게 발전했다.

특히 웅장하고 드라마틱한 바다 풍경화로 유명한 조셉 베르네의 가르침을 엘리자베트 비제는 열정적으로 흡수했다. 그는 타고난 재능도 성실한 노력이 뒷받침되지 않으면 아무것도 아니라는 사실을 잘 알았다. 노력과 재능이 만나 실력이 되자, 캔버스는 상당한 수준에 도달했고 초상화 주문이 밀려들었다.

항상 좋은 일만 있었던 것은 아니다. 아버지가 죽고 어머니가 부유한 보석상과 재혼을 했는데, 탐욕적인 의붓아버지와 그는 사이가 좋지 않았다. 아마도 아버지를 좋아하고 그 재능을 물려받은 그로서는 어머니의 새 남편과 가까워지기 어려웠을 듯하다. 이런 갈등이 고조되던 시기에 그는 같은 건물에 세 들어 있던 네덜란드 출신의 갤러리스트이자 골동품과 미술 복원가인 장 밥티스트 피에르 르브룅과 마음이 서로 통했고, 장 밥티스트는 초상화가 엘리자베트의 대리인이 되어 각종 일들을 도맡아 처리했다.

이혼남이자 도박을 즐겨서 평판이 나쁜 그였으나, 어서 의붓아

엘리자베트 비제 르브룅

⟨딸 줄리와 함께 있는 초상화⟩

1786

–

31세 시절.

버지를 벗어나고 싶었던 엘리자베트는 모두의 반대를 물리치고
결혼을 해 집을 나갔다. 결혼 이후 창작에 집중하게 된 그는 1776
년에 프랑스 왕의 동생을 그린 초상화를 계기로 프랑스 궁정의 초
상화가로 인정받아, 1778년에 마리 앙투아네트 왕비의 초상화를
그리는 기회를 갖게 된다.

왕비는 엘리자베트 르브룅의 세심한 필치와 우아한 색채에 매
혹됐고, 그 후로 그는 왕비의 친구가 될 정도로 가깝게 지내며 '베
르사유의 장미'로 불린 왕비의 아름다움을 다양한 자세와 모습으
로 기록했다.

당시 유럽에서 가장 고귀한 가문은 프랑스의 부르봉가와 오스
트리아를 지배하는 합스부르크가였는데, 마리 앙투아네트는 합
스부르크가의 공주로 부르봉가에 시집와 프랑스 왕비가 됐으니,
가장 높은 신분의 가장 유명한 사람이었다.

그런 고귀한 왕비와 평민 출신의 화가가 친구가 됐으니, 당시
로서 그의 행복은 비할 바가 없었다. 심지어 비제 르브룅은 열혈
왕당파로서 왕비와 정치 성향도 잘 맞았으니, 그로서는 가문의 영
광이었다.

엘리자베트 비제 르브룅

⟨자화상⟩

1790년

–

35세 시절.

가장 유명한 왕비의 세련된 아름다움을 담아내다

"프랑스 패션은 페루의 스페인 금광에 버금가는 프랑스의 자산"
이라던 루이 14세의 재무장관 장 밥티스트 콜베르의 말에 충실히
따라, 루이 16세의 왕비 마리 앙투아네트는 각종 화려한 보석과
의상으로 자신을 꾸몄다.

> "왕비는 나의 무딘 펜으로는 도저히 형언할 수 없을
> 정도로 고상하고 아름다웠다. 그녀의 옷은 예술과 부
> 가 성취할 수 있는 모든 것이었다."◆

> "왕비가 지닌 특징은 규칙적이지 않다. 오스트리아 특
> 유의 길고 좁은 타원형 윤곽을 물려받았다. 눈은 크지
> 않고 색깔이 거의 파란색에 가까웠고, 그 눈빛은 따사
> 롭고 상냥했다. 입술은 다소 두껍지만 코는 가늘게 예
> 쁘고 크지 않았다. 피부는 본 적 없이 너무도 투명하
> 고 빛나, 앰버색이 아쉬웠다. 오직 그녀만의 것이었던
> 그 신선함, 섬세한 색조를 칠할 색이 내게는 없었다."

◆ 데이나 토마스, 《럭셔리》, 이순주 옮김, 문학수첩, 2008, p.33

위는 1770년대 말 프랑스 주재 미국 외교 사절이자 훗날 미국의 2대 대통령이 된 애덤 스미스의 말이고, 아래는 비제 르브룅이 자신의 회고록《내 인생의 기억들》에 직접 쓴 대목이다. 무딘 펜을 무찌르고 부족한 색을 뚫고서, 비제 르브룅은 그 아름다움을 25점의 초상화로 표현해 우리에게 남기고 있다.

보상으로 그는 '왕비가 가장 총애하는 화가'라는 막강한 후원을 입게 됐고, 1783년에 왕립 미술원의 정식 회원이 된다. 여자라는 성별과 남편이 그림을 사고파는 화상이라는 난관을 뚫은 것은, 역시 왕립 아카데미 심사위원들에게 가해진 왕비의 압력 덕분이었다. 하지만 영원할 것 같던 프랑스 왕정은 1789년 7월 14일 프랑스 혁명일을 기점으로 급격하게 몰락했다.

유럽 왕정의 사랑을 듬뿍 받은 화가

혁명의 소용돌이가 거세지고, 혁명파에 의해서 루이 16세와 마리 앙투아네트의 가족이 강제로 베르사유에서 파리로 옮겨졌다. 앞날이 불투명해진 비제 르브룅은 딸과 가정부를 데리고 급히 파리를 떠났다. 결국 왕과 왕비는 단두대에서 차례로 죽었고, 그는 로마와 비엔나 등 유럽의 여러 도시들을 떠돌았다.

그의 영광은 이제 끝났을까? 아니다. '프랑스 궁정화가', '마리 앙투아네트의 초상화가'라는 명성은 유럽 도시 곳곳에 널리 알려져 있었고, 그에게 비엔나 왕정과 러시아 왕정 등에서 초상화 주문이 쏟아졌다. 그는 파리에서와 크게 다르지 않은 생활을 누리며 사교계의 유명인사로 살았다.

1801년에 파리에 돌아왔으나 나폴레옹이 지배하는 파리가 싫어서 런던에 정착했다가 스위스로 이주했다. 나폴레옹이 몰락하고 프랑스에 왕정이 복고되자 조국으로 돌아왔고, 이전과 달리 다소 어두운 톤의 풍경을 주로 그렸다. 생의 후반부엔 회고록을 썼고 초상화 600여 점과 풍경화 200여 점 등 총 900여 점의 작품을 남겼다.

프랑스에서 비제 르브룅의 최초 회고전은 2015년에야 열렸는데, 그의 이름이 구체제인 왕실과 강하게 결부되어 제대로 평가를 받지 못한 탓이 크다. 시몬 드 보부아르는 《제2의 성》에서 비제 르브룅이 그림을 자기 삶의 단순한 장식물로 이용했다고 비판했다. 그렇게 볼 수도 있지만, 애초에 비제 르브룅에게 그림은 인생을 걸고 지켜내야 하는 고귀한 사명이 아니었다.

그는 그 시대에 유행한 로코코 양식에 맞게 그림을 잘 그렸고, 거기에 미소와 재치가 빛나는 인간적인 매력까지 갖추어 사람들과 만나 즐기길 좋아했다. 그렇게 친구로 가까워진 왕족과 귀족들을 자신의 스타일로 때로는 우아하게, 때로는 섬세하게 그려내,

엘리자베트 비제 르브룅
〈장미를 든 마리 앙투아네트〉
1783년

세상의 찬사를 받았다.

비제 르브룅은 자신이 잘하는 일을 좋아했고, 그 일을 더욱 잘하기 위한 노력을 게을리하지 않았다. 좋아하는 일을 잘하기 위해 노력하는 인생도 가치 있지만, 자기가 잘하는 일을 즐기며 사는 인생도 행복하다. 어느 쪽이 더 우월한 삶도 아니고 다만 자신의 성향과 가치관에 부합하는 쪽을 선택할 따름이다. 빈센트 반 고흐가 위대한 삶을 살았다면, 비제 르브룅은 인생을 편하게 살았다.

돈은
베토벤처럼

벌고
쓰자

베토벤은 구두쇠였다. 숫자 계산이 틀리긴 했지만 가계부를 꼼꼼히 썼고, 월세가 싼 집을 찾아 1년에 몇 번씩 이사 다녔으며, 밥을 많이 먹거나 심부름 잔돈을 꿀꺽한다고 의심되는 하녀를 해고하고, 커피를 끓일 때 항상 한 잔에 원두 60알을 정확하게 세어 갈아 마셨다는 등의 에피소드들이 즐비하다. 어릴 적부터 음악가로서 부정기적인 수입에 의존해서 살아야 했던 처지라 돈을 아끼는 습관이 몸에 배어서였을 것이다.

작곡가로 이름을 알린 후에도 베토벤은 돈에 대해서는 물러섬이 별로 없었다. 자신의 악보를 판매하는 출판사들끼리 흥정을 붙여 인세를 올리는가 하면, 이중계약도 흔하게 했었다.

내 작품의 가격은 내가 정한다

베토벤의 음악을 보면, 사람 이름이 별칭으로 더해진 경우가 많다. 예를 들어, 피아노 소나타 21번은 '발트슈타인', 피아노 3중주 7번은 '대공', 현악 4중주 9번은 '라주모프스키'로 불리는데, 이것은 그를 후원하거나 작품을 의뢰한 귀족의 이름이다. 이렇게 작곡가에게 작품을 헌정받으면 귀족은 어떤 방식으로든 답례하는 것이 예의였다. 이런 점을 베토벤은 잘 이용했는데, 특히 〈5번 교향곡(운명)〉을 둘러싸고 벌어진 이야기가 흥미롭다.

베토벤은 오펠스도르프 백작으로부터 교향곡 두 곡을 작곡해달라는 의뢰를 받았는데, 이것은 헌정의 의미를 포함한 의뢰였다. 〈4번 교향곡〉과 〈5번 교향곡〉을 작곡한 베토벤은 〈4번 교향곡〉을 그에게 헌정했다. 하지만 〈5번 교향곡〉은 선금 350플로린(하급관료의 1년치 연봉에 근접)을 이미 받아놓고, 자신이 경제적으로 가난하다는 핑계로 오펠스도르프 백작이 아닌 로브코비츠 백작과 라주모프스키 백작에게 헌정했다. 이렇게 대놓고 헌정자를 바꾼 이유는, 그가 막상 〈5번 교향곡〉을 완성하고 보니 그 금액이 자신의 작품에 대한 보수로는 부족하다고 생각했기 때문이다.

설령 그렇더라도 명백한 계약 위반이자 이중계약이었다. 하지만 이런 사정을 알고도 오펠스도르프 백작은 베토벤의 행동을 문제 삼지 않았다. 이런 일이 한두 번이 아니었는데도 그는 귀족들에게 후원을 잘 받(아내)기도 했고, 후원 조건을 두고 교섭을 벌이기도 했다.

귀족들이 베토벤에게 관대했던 이유는, 그를 여흥을 돋우는 악사가 아니라 예술가로 인정했기 때문이다.

자신이 하는 일에 대한 가치에 맞는 보수를 받는 것, 그것이 직업인의 기본자세다. 신분이 높거나 돈이 많다고 해서 베토벤의 재능에 대한 가격을 정할 수 없었다. 베토벤은 작품의 가격을 자신이 정했고, 어떻게든 많이 받아내기 위해 불법도 과감히 저질렀다. 그렇다고 베토벤이 돈만 밝혔다고 오해하면 안 된다. 돈에 대한 베토벤의 태도는 '내 음악은 비싸다. 내 음악을 최대한 비싸게 팔고, 그 돈을 내가 가치 있다고 생각하는 일에 사용한다. 이것이 내가 돈을 버는 방법이자 쓰는 법이다'였다.

그가 가치 있게 돈을 쓴 가장 대표적인 경우는 '음악의 아버지'로 불리는 요한 세바스티안 바흐의 노년의 딸 레기네 주잔나와의 사연이다. 베토벤은 가난에 시달리는 주잔나에게 〈4번 교향곡〉과 오라토리오 〈올리브 산 정상의 예수〉 연주회를 통해 얻은 수입을 보냈다.

예술가가 돈 문제로 고민해야만 하는 이유

그런데, 만약 베토벤이 돈 문제로 골머리를 썩지 않았더라면 더 좋은 작품을 썼을까? 그렇지는 않을 것이다. 그림을 그리고 음악을 만든다고 예술가는 아니다. 사람들의 마음을 움직이고 영혼에 자극을 줘야 한다. 그러기 위해선 당대의 사람들과 더불어 현실에 발 디디고 사는 생활도 중요하다.

"예술을 염두에 두는 사람은 자신을 망각한다"◆라는 말처럼 본래 예술가는 자기 자신을 잊은 채 자기의 현실로부터 멀리 있는 것을 추구한다. 여기에 일상에 대한 고민마저 사라지면 그의 작품은 비현실적으로 기울게 된다.

궁정에 속했던 하이든은 귀족들의 취향에 부합하는 음악을 만들면 되어 상관없지만, 당대의 보통 사람을 향한 음악을 만들었던 베토벤은 세속의 사람들이 하는 고민과 유리되는 순간 창작의 뿌리를 잃을 가능성이 크다. 대중시대의 음악가가 대중을 이해하지 못한다면 대중의 마음을 움직이는 음악을 만들어내기 어렵다. 작곡은 악보 위에 펜으로 음표를 그리는 손의 동작이지만, 음악은 손에 있지 않기 때문이다. 아이유와 BTS가 사람들의 사랑을 받는

◆ 한병철, 《타자의 추방》, 이재영 옮김, 문학과지성사, 2017, p.96

이유는 그들의 음악이 지금 우리에게 필요한 위안과 희망, 즐거움과 메시지를 주기 때문이다.

따라서 베토벤에게 돈 문제는 그를 현실에서 살아가도록 만든 결정적 요소였다. 그의 청력 상실이 현실의 고통을 극복해내는 의지를 담금질했듯이, 돈은 베토벤에게 보통 사람들의 생각과 마음을 체험시킨 요소였다. 예술가들에게도 돈에 대한 고민이 필요한 중요한 이유다.

"나는 가난 속에서도 왕처럼 살았다. 왕을 만드는 건 스스로의 고결함이란 걸 당신에게도 말해주고 싶다."

_루트비히 판 베토벤

천재
라파엘로가

그 이상 실력을
향상시킨 비결

파리 유학 시절에 세계적으로 유명한 학교에 강의를 들으러 자주 갔다. 학교의 명성은 몇몇 이름난 교수의 존재도 필요하지만 주로 재능 있는 학생들로 만들어지고 유지된다. 그들끼리 서로 경쟁해서 더 뛰어난 학생이 되어 졸업하면, 그들이 사회에서 펼치는 활약으로 학교의 이름이 더 드높아지는 것이다.

르네상스라는 시대 또한 별 같은 천재들의 앞서거니 뒤서거니 하는 활약이 아니었더라면 지금만큼의 명성을 떨치지는 못했을 이름이다. 그중 "천국에서 내려온 신 같은 존재"라고 불린 이가 라파엘로 산치오(Raffaello Sanzio)다. 그는 레오나르도 다빈치는 스승으로 여겼으나 다른 선배는 경쟁자로 삼았다. 르네상스의 세 천재가 모두 등장하는 오라스 베르네의 〈바티칸의 라파엘로〉에서

오라스 베르네

〈바티칸의 라파엘로〉

1832

가운데 오렌지색 망토를 입은 이가 라파엘로다. 그리고 오른쪽 위 검정 모자를 쓰고 흰 수염이 난 이가 다빈치, 맨 앞의 빨간 모자를 쓴 미켈란젤로 부오나로티다.

으르렁거리지만, 실력은 인정한다

이탈리아 중부의 작은 도시 우르비노에서 태어난 라파엘로는 화가 아버지의 가르침과 우르비노 궁정의 후원을 받으며, 운동감과 해부학을 제대로 배우기 위해 피렌체로 왔다. 이곳에서 브라만테를 스승으로 두었고, 스승의 친구인 레오나르도 다빈치를 알게 됐다.

라파엘로는 과학에 입각한 회화를 추구한 다빈치를 존경했다. 미켈란젤로에게는 인물을 자연스럽게 배치하는 공간 구성 능력, 해부학에 근거한 자연스러운 인체 묘사와 세련된 색채 사용법 같은 선구적인 기법 등 영향을 많이 받았지만 그를 좋아하지는 않았다. 둘의 사이가 굉장히 불편했음을 보여주는 대표적인 에피소드가 기록되어 전해진다.

한 무리의 사람들에 둘러싸여 바티칸 궁 밖으로 나가던 라파엘로는, 평소처럼 혼자 걸어가는 미켈란젤로와 맞닥뜨렸다.

미켈란젤로 : (비아냥거리며) 떼거리를 몰고 가는 폼이
영락없는 칼잡이야.
라파엘로 : (우아하게) 혼자 오시는 걸 보고 사형집행
관이 나타난 줄 알았습니다.

"질투심이 강한 베끼기 전문가"라고 라파엘로를 악평한 미켈
란젤로는 교황과 자기 사이에 생긴 모든 불화가 라파엘로와 그의
스승 브라만테의 질투 때문에 생겼다고 믿었지만, 오히려 미켈란
젤로가 자기보다 한참 어리고 잘생기고 매너도 좋은 라파엘로를
질투한 듯하다.

미켈란젤로가 고군분투하며 시스티나 성당의 〈천지창조〉를
작업하고 있을 때, 그 옆 건물에서 라파엘로는 〈아테네 학당〉을
그렸다. 둘은 아주 가까이 있었으나 거의 왕래하지 않았다. 하지
만 다른 예술가의 장점을 제 것으로 만드는 데 탁월했던 라파엘로
는 피렌체 시절에 인간으로는 좋아하지 않았던 미켈란젤로의 박
진감 넘치는 데생과 인물 배치 등의 장점을 적극적으로 흡수했다.

라파엘로는 다빈치의 여성적인 화풍에 뿌리를 두었지만 미켈
란젤로만의 독창성도 최대한 자신의 스타일에 녹여내려고 애썼
다. 그래서 성당의 천장을 가득 메운 압도적인 크기, 고대 조각상
처럼 꿈틀거리며 살아 움직일 듯한 신화적인 힘이 느껴지는 인물

라파엘로 산치오
〈아테네 학당〉
1510~1511

들, 저마다 다른 동작과 표정의 인물묘사 등이 조화를 이룬 미켈란젤로의 〈천지창조〉를 보고 자신은 도저히 그릴 수 없는 박력 있는 작품으로 느껴 크게 감동받았다.

자신이 작업 중인 벽화 〈아테네 학당〉의 인물 묘사에도 이를 참조했고, 특히 전면에 턱을 괸 심각한 표정의 헤라클레이토스를 미켈란젤로의 얼굴로 그려 넣었다. "천국에서 내려온 신 같은 존재 라파엘로"는 좋은 경쟁자인 "신과 같은 미켈란젤로"에게 존경을 표한 것이다.

다빈치를 따르되 그와는 다른 길을 열었던 라파엘로는, 앙숙이자 적수였던 미켈란젤로의 남성적인 양식을 가미한 〈시스티나 성모〉를 완성한다. 특히 〈시스티나 성모〉는 라파엘로의 최후의 성모상 가운데 하나로서 당대에 이미 극찬을 받았다.

"라파엘로 이전과 이후에 어떤 화가도 기독교 사상을 그처럼 전파하지 못했다. 그는 그리스도의 사제들 다음으로 복음적 진리의 가장 위대한 설교사다. 얼마나 많은 개신교도, 유대인, 무신론자가 그의 성모상에 매혹되었으며, 또 그 성모상을 성령이 원하는 자리에 깃들도록 하는지 이해했던가?"◆

◆ 프레드 베랑스, 《라파엘로, 정신의 힘》, 정진국 옮김, 글항아리, 2008, p.224

라파엘로 산치오

〈시스티나 성모〉

1513~1514

—

어린 천사의 표정이 사랑스럽다.

실력이 뛰어난 적수가 필요하다

명작은 우리를 압도한다. 이유를 모른 채, 그림 앞에서 우리는 매혹당한다. '저것 때문이다'라고 하나로 꼬집을 수 없을 만큼 전체가 하나의 분위기로 수렴된 듯한 힘을 느낀다. 그런 힘을 그림에서 구현하기 위해, 라파엘로는 인간적으로 싫어하고 증오와 저주의 말을 자신에게 쏟아내던 미켈란젤로의 장점도 정확히 파악하고 적극적으로 배우려고 애썼다.

일하는 방식을 보면 그가 어떤 사람인지 알 수 있다. 라파엘로는 인간적인 호불호는 분명했지만 그것으로 상대의 재능을 파악하는 눈을 가리지는 않았다. 유능한 인재들의 특징이다. 혼자 일을 잘해내는 것만큼, 나의 동료와 경쟁자들의 장점을 파악하고 흡수하는 능력은 아주 중요하다.

경쟁자는 나를 발전시키는 가장 확실한 자극이다. 실력이 좋은 경쟁자를 발견하여 '나의 아름다운 적수'로 여기고 그의 장점을 내 것으로 만들어내면 내가 그를 능가하게 되니, 더 이상 나의 경쟁자로 느껴지지 않는다. 나의 적수가 되지 못하는 동료는 어쩌면 밉지도 않아 보이지 않을까?

〈아테네 학당〉의 미켈란젤로(위) 그리고 라파엘로(아래, 가운데 인물)

●

본의 아닌

갑질을
조심하자

1905년 독일의 섬유 사업가 헤르베르트 에셔는 〈절규〉로 유명한
에드바르 뭉크에게 초상화를 의뢰했고, 뭉크는 에셔의 집에 머물
며 그림을 그리기로 했다.

이 사실을 알고 평소 뭉크를 잘 알던 안과 전문의 린데 박사는
에셔에게 뭉크의 괴팍하고 불성실해 보이는 작업 스타일에 대해
미리 일러준다.

"뭉크는 좀 기이하지만 상상력이 풍부하고 좋은 사람
이에요. 최고의 방법은 그가 하고 싶은 대로 놔두는
겁니다. 그는 천천히 몸을 녹일 것이고, 북유럽 특유
의 냉정하고 내성적인 성향이 사라지면 위엄 있고 다

방면에 교양 있는 사람을 만나게 될 겁니다. 뭉크는 몇 주 동안 캔버스에 붓도 안 대고 바라만 볼 수도 있습니다. '나는 머리로 그린다'라고 서툰 독일어로 자주 얘기하곤 했지요. 그는 언제나 오랫동안 머리에 다 입력한 후에 작업에 돌입하는데, 그가 생각한 것들이 갑자기 힘과 무게를 가지고 재빨리 형태를 잡아가게 됩니다. 그러면 그의 그림들은 며칠 후에 완성돼요. 그는 확실히 제시간을 맞춥니다. 그러니 그냥 그에게 맡기세요. 세부적인 것으로 그를 귀찮게 하거나 그가 생각하지 않은 무언가를 요구하는 것은 도움이 안 됩니다. 그럼 오히려 그림을 망치게 될 거예요."◆

이런 뭉크의 사용설명서를 미리 듣지 않았더라면, 에셔 가족들은 상당히 놀랐을 것이다.

여느 화가들과 달리, 뭉크는 에셔 집에 머물며 주로 술을 마시고 아침을 먹고 밖으로 나가 카페 등에서 하루를 보냈으니 말이다. 그렇게 무위도식하다시피 3주를 보낸 후에 갑자기 뭉크는 에셔 가족의 초상화를 그리기 시작했고 며칠 만에 완성했다.

머릿속으로 생각들이 생겨나고 그것들이 서로 얽히고설키면

◆ 유성혜,《뭉크》, 아르테, 2019, p.241

서 하나의 이미지로 착상되고 완벽한 하나의 그림으로 완성되는
기간이 3주였던 것이다.

까다로운 상대는 사용설명서가 필요하다

그러니 뭉크 같은 사람에게 일을 시키고서 매일 왜 그림을 안 그
리냐, 술 마시고 카페에서 빈둥거릴 시간에 어서 밑그림이라도 그
리라고 독촉하고 마감을 종용하면 머릿속에 그림이 착상되어 자
라지 못한다. 까다롭고 실력이 좋은 사람과 일할 때는 그의 작업
방식을 이해하고 그에 맞게 기다려줘야 한다. 그것을 몰라서 역사
에 악명이 남을 뻔한 사람이 있다.

바로 레오나르도 다빈치가 〈최후의 만찬〉을 그리던 시절의 수
도원장이다. 그의 눈에 다빈치는 불성실한 화가였다. 가끔 기분
내키면 작업장에 나와 그리고, 그것도 붓질 몇 번만 하고 떠나기
일쑤였으니 말이다. 게다가 애초에 약속한 완성 날짜를 계속 어기
고 있었으니, 다빈치의 작업 방식을 몰랐던 수도원장으로서는 화
낼 만도 했다.

다빈치도 나름대로 이유가 있었다. 열두 제자 가운데 한 명이
자신을 팔아넘겼다는 사실을 예수가 알려주는 순간을 담은 〈최후
의 만찬〉에서 가장 그리기 어려운 인물은, 유다였다. 하느님의 아

들이자 자신의 스승인 예수를 배신한 최악의 인물로 묘사해야 했고, 이를 위해 다빈치는 몇 달 동안 밀라노 곳곳을 헤집고 다녔는데도 적합한 얼굴을 찾지 못하고 있던 터였다.

수도원장의 투덜거림이 계속되자, 그러면 당신 얼굴을 유다로 그리겠다고 넌지시 협박했다. 그에 기겁한 수도원장은 두 번 다시는 다빈치의 작업방식에 불평하지 않았다. 이처럼 자기만의 작업방식이 확고한 사람과 일할 때는 그를 선택한 이상 믿고 놔두는 것이 상책이다.

함께 일하는 사람에 대한 예의

내가 일을 주문하지만, 그 일을 하는 것은 상대방이다. 상대방에 대해 자세히 알아보고 일을 맡기지 않았다면 그 후의 사태 전개는 나의 불찰이기도 하다. 일을 맡긴 이상은 그가 최고의 결과물을 만들어낼 수 있도록 최선의 환경을 제공하는 편이 좋다. 그것은 상대방을 위해서가 아니라 전적으로 나를 위해서다. 그가 원하는 최적의 작업 환경에서 내게 최고의 결과물을 안겨줄 테니까.

중요한 점이 하나 더 있다. 우리가 일을 주었으니 모든 것을 우리 마음대로 할 수 있다고 믿는 순간, 뉴스 속 남 일로만 생각했던 '갑질'을 나도 모르게 하고 있을 수 있다. 그런 권리는 우리에게 없

에드바르 뭉크

〈린데 박사의 아이들〉

1903

–

뭉크의 스케치(위)와 완성작(아래).
작업자뿐만 아니라 의뢰자의 인내가 작품을 완성시킨다.

다. 우리는 작업자에게 돈을 지불하고 그 대가로 그는 우리에게 상품과 서비스를 제공한다. 서로가 공평하고 대등한 관계다. 그러니 나와 작업 방식이 다른 사람으로 심한 스트레스를 받고 있다면, '동료'를 존중하는 마음으로 조금은 기다리면 어떨까?

"인간은 상호관계로 묶이는 매듭이요,
거미줄이며, 그물이다. 이 인간관계만
이 유일한 문제다."

_앙투안 드 생텍쥐페리《어린 왕자》의 작가)

돈에 대한
태도가

필요한
이유

만약 오늘 해가 지기 전까지 돌아다닌 만큼의 땅을 준다면, 여러분은 어디까지 갈 것인가?

농사일밖에 모르던 바흠이라는 사내가 이런 제안을 받고 내달리기 시작한다. 조금만 더, 조금만 더라는 욕심에 너무 멀리까지 가버린 그는 결국 돌아오지 못하고 지쳐 숨진다. 이렇게 톨스토이의《사람에게는 얼마만큼의 땅이 필요한가》에서 말하듯, 돈은 나도 모르게 내 모습을, 내 영혼을 바꿀 만큼 위력적이다. 특히 너무나 절박한 상황에 처했을 때 돈으로 유혹하면 버티기가 참 어렵다.《레미제라블》과《파리의 노트르담》등으로 프랑스의 대문호로 불리는 빅토르 위고(Victor Hugo)는 그런 상황에 어떻게 대처했을까?

내 세계관은 몹시 비싸다오!

빅토르 위고의 아버지는 군인으로, 프랑스혁명 정신을 내건 전쟁 영웅 나폴레옹 보나파르트를 추종했고, 어머니는 왕당파였다. 이런 정치적인 견해와 애정 문제로 부모는 별거 상태였다. 위고는 어머니와 살았던 10대 중반까지 어머니의 영향으로 왕정을 옹호하는 쪽이었고, 10대 후반이 되어 아버지와 자주 연락하면서 나폴레옹 황제를 긍정적으로 생각하게 됐다. 나폴레옹의 몰락 후 집권한 복고 왕정을 위고는 좋아하지 않았으나, 루이 18세가 주는 은사금(왕이 은혜롭게 베푼 돈)은 받았다.

위고가 훗날 인민의 평등을 중시한 《레미제라블》을 쓴 작가라고 생각하면, 왠지 그 돈을 단호히 거절했을 것만 같다. 왕정은 싫어하면서 왕이 주는 돈은 받은 그가 어쩐지 자신의 세계관을 지키지 못한 것처럼 비치기도 한다. 하지만 위고의 이후의 삶에서 왕의 은사금으로 왕정에 대한 생각이나 태도를 바꾸었다는 기록은 찾기 어렵다. 오히려 그는 초기 소설가 시절에 가난하다는 이유로 결혼조차 하기 어려웠는데도, 왕정과 공화정, 제정이 엎치락뒤치락하는 프랑스혁명의 기나긴 과정에서 정치와 사회에 대한 자신의 관점을 지켰다. 어느 비평가의 말처럼, '위고는 항상 위고 편이었다'.

그는 사형제를 반대하는 글을 발표했으며 가난한 이들을 위한 과감한 복지를 주장하는 등 인본주의자(휴머니스트)로 살았다. 그러니 돈을 받은 사실로만 그가 변절했거나 타락했다고 말하긴 어렵다. 왕은 돈으로도 그의 신념을 바꾸지 못한 것이다.

돈과 행복의 묘한 상관관계

별다른 불안과 근심 없이 마음이 평화로운 상태가 행복이라면, 일상생활에서 우리를 옭아매는 원인들은 대체로 비슷하다. 건강과 직장, 가족과 동료 관계 문제, 일상의 소소한 걱정거리들이다. 행복을 돈으로 살 수 있는지는 논쟁거리지만, 건강과 휴식, 가족 관계 등 행복을 만드는 요소에 돈은 절대적인 힘을 발휘한다.

그러니 두꺼운 외투를 벗기는 것은 겨울의 매서운 바람이 아니라 햇빛의 따스함이라는 이솝 우화처럼, 은사금에 깃든 은밀한 유혹(내게 잘 보이면 앞으로 돈 걱정 없이 살 수도 있다)을 거절하기는 참으로 어려웠을 것이다. 하지만 빅토르 위고는 생계의 곤란 속에서 왕의 은사금을 받았어도 왕정에 부역하지는 않았다. 돈을 받는다고 무너지지 않을 만큼 위고의 세계관이 단단했음은 그가 남긴 작품들로 증명된다.

빈센트 반 고흐와 박수근은 가난하더라도 세상이 원하는 그림을 그리지 않았다. 세상에 팔리는 그림과 자기들의 그림이 양립할 수 없음을 알았기에 어느 한 쪽을 선택할 수밖에 없었다. 돈을 포기하고 자신의 정신을 지킨 저 고매함까지는 따라가기 벅차더라도, 위고처럼 돈에 대한 나름의 견해를 갖는 것은 반드시 필요하다. 그래야 어디까지나 나의 수단이자 하인인 돈에 자기 자신을 잡아먹히지 않을 수 있다. 돈을 삶의 좋은 동반자로 삼되 그에게 마음을 다치지 않을 만큼만 어울리자.

"부를 갖되 그것 때문에 전전긍긍하는 일은 없기를 바란다."

_세네카

경쟁에서
이기는

가장
확실한 방법

19세기는 유럽 역사에서 가장 격동적인 시기였다. 18세기 말부터 불어닥친 프랑스혁명의 여파로 왕과 소수의 귀족이 다스리던 왕정이 무너지고 투표권을 지닌 국민에 의해 선출된 의원들이 국가를 운영하는 공화정이 들어섰다. 영국에서 시작된 산업혁명으로 마차의 시대에서 기차의 시대로, 촛불의 시대에서 전깃불의 시대로, 농업사회에서 산업사회로 이동이 본격화됐다.

이렇게 정치와 경제 체제의 진보에 따라 사회 주류 세력도 달라졌다. 왕과 귀족, 교황과 추기경으로 상징되는 과거의 특권층이 몰락하고, 사회 변혁 의식과 전문 지식으로 무장한 엘리트 집단 그리고 재능과 실력을 겸비한 예술가 등의 신진 주류 세력들이 사회 여론과 변화를 앞장서서 이끌었다. 이 시대 미술계를 대표하는 인물은 단연 에두아르 마네(Édouard Manet)였다.

공개되자마자 난리

19세기 중반의 서양 미술계는 오랫동안 주류의 자리를 차지한 신고전주의를 낭만주의와 사실주의가 각자의 방식으로 공격하며 새로운 미술을 주장하던 때였다. 이 무렵에 등장한 에두아르 마네는 이상적인 풍경과 역사적인 사실을 표현해내는 수단이던 신고전주의 회화에 대해 근본적인 고민을 했다.

> **"저는 제 눈에 보이는 것을 그릴 겁니다. 다른 사람의 눈을 즐겁게 해주자고 그리지는 않을 겁니다. 실제로 존재하는 것을 그릴 겁니다. 존재하지 않는 것은 그리지 않을 겁니다."◆**

마네에게 그림은 이상을 모사하는 수단이나 현실을 가장 그럴듯하게 모방하는 도구가 아니었다. 그림은 현실과 다른 독립된 세계라고 믿었다. 입체의 자연(3차원)이 아닌 평면의 캔버스(2차원)

◆ 에두아르 마네 외,《뒤늦게 핀 꽃》, 강주헌 옮김, 창해, 2000, p.29

에두아르 마네
〈풀밭 위의 점심〉
1863

를 우선하자, 회화의 중심축이 자연에서 화면으로 옮겨졌다. 캔버스에서 자연을 그럴듯하게 묘사하던 원근법이 무너졌고, 서양 미술사의 근대화가 시작되었다. 이를 가장 잘 드러내는 작품은 〈풀밭 위의 점심〉인데, 당연히 공개되자마자 난리가 났다.

전면의 여인이 누드 상태인데, 당시 주류 화가가 되려면 누드를 잘 그려야 했으니 누드 자체는 문제가 아니었다. 그런데 마네는 이 여인의 몸을 비례와 비율이 완벽한 상태가 아닌 이웃집 여자처럼 사실적으로 그렸다.

당시 보수적인 사람들에게는 고대 그리스로마 조각상처럼 매끈하고 완벽한 몸매의 누드만이 예술작품이었고, 현실적인 몸은 퇴폐였다. 이런 현실성을 더욱 강조하기 위해, 마네는 여자 곁에 옷을 입은 남자들을 배치했다. 이것은 르네상스 이후로 지속되어 온 서양 미술의 누드화의 맥락을 뒤집어엎은 것이다.

누드는 완벽에 대한 상징이었기 때문에 항상 신화와 전설 등의 '맥락' 속에서만 등장해야 했는데, 마네는 파리 근교 불로뉴숲에서 한낮에 남녀가 야외 점심을 먹고 심지어 뒤편 여자는 목욕 중인 듯하게 묘사했다(원래 제목은 〈목욕〉이었다). 머릿속 이상을 떠나 눈에 보이는 걸 사실적으로 그리겠다고 작심한 마네다운 선택이었다.

서양 미술사에서 가장 욕을 많이 먹은 화가

같은 해 완성했지만 한 해 뒤에 발표한 〈올랭피아〉는 더 멀리 나아갔고, 더 많은 욕을 먹었다. 마네는 르네상스 시대의 거장 티치아노의 〈우르비노의 비너스〉를 바탕으로 이 작품을 완성했다.

서양 미술사에서 이상적인 여성미를 드러내는 대상인 비너스를 그리면서 마네는 신화적인 관능성이나 여성미의 신비로운 면을 걷어냈다. 옷을 전부 벗은 채 신발만 신고 다리를 꼬고 한 손으로 성기를 가리고 귀에 꽃을 꽂고 목에는 리본을 묶고 있는 그는, 영락없이 매춘부의 모습이다.

흑인 하녀가 든 꽃다발은 거실에서 기다리고 있을 그의 연인(정부나 손님)을 암시하며, 원작에서 몸을 말아 잠든 하얀 개는 몸을 잔뜩 세우고 관람객을 정면으로 응시하는 검은 고양이로 대체되어 성적 암시는 한층 더 강화되었다.

마네의 그림을 보면서, 당대인들은 금기를 깨도 괜찮으며 그래야 새로운 길이 열린다고 느끼지 않았을까? 마네의 이런 혁신성은 사회에 폭넓게 영향을 끼쳤는데 특히 인상파의 등장에 지대한 공헌을 했다. 그래서 그를 회화의 새로운 시대를 연 구세대의 막내이자 새로운 세대의 시작점으로 간주한다. 실력이 뒷받침된 강한 개성은 역사에 굵은 발자국을 남긴다.

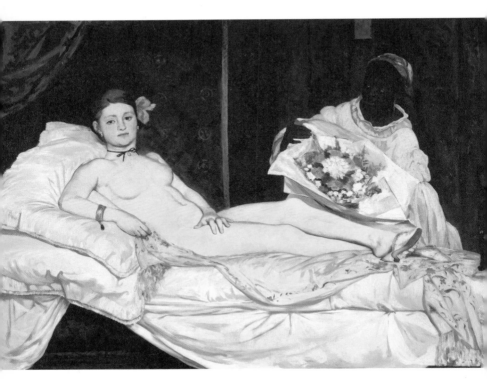

에두아르 마네

〈올랭피아〉

1863

하지만 사람들은 혁신가의 가치를 알아보는 데 시간이 걸리고, 생소한 것을 처음 보면 비난하기 마련이다. 작품을 발표할 때마다 겪는 갖은 비난에 의기소침해지긴 했어도 마네는 자신을 비난하고 조롱하는 평론가와 화가들을 탓하지 않았다. "언젠가 그들도 눈을 뜨겠지!"라는 혼잣말을 하며 스스로를 다독였고, 묵묵히 자신의 양식을 고수했다. 부정적인 평가에 이런 생각으로 대응하긴 상당히 어려운데 마네는 어떻게 이토록 의연할 수 있었을까?

경쟁에서 이겨야 할 상대는 누구인가

내 작품 판단의 기준을 화가인 자신이 아니라 세상에 두게 되면, 그들의 인정에 따라 자기 작품, 더 나아가 자기 자신의 가치가 하늘로 오르기도 바닥을 치기도 한다. 마네는 그 길로 마음을 몰아가지 않았다. 남 탓할 시간에 자신이 추구하는 가치를 더욱 뚜렷하고 단단하게 만들었고, 그것을 정확하게 표현하는 방법을 고민했다. 그러니 마네의 경쟁 상대는 마네의 그림을 이해하지 못한 화가와 평론가가 아니라, 자기 자신의 생각과 실력이었다.

피겨 스케이터 김연아는 어느 국제 대회에서 "비로소 내가 만족할 수 있는 연기를 해서 기쁘다"는 취지로 우승 소감을 밝혔다. '참가자들 가운데 1등해서 기뻐요'가 아니라 자신의 머릿속에 그려놓은 연기를 드디어 실제로 완벽하게 펼쳐서 만족한다는 뜻이 었다. 그러니까 대회에 임하면서 그는 아사다 마오 등 다른 선수 들보다 더 높이 점프를 하거나 턴을 더 많이 잘하고자 한 게 아닌 자신의 피겨 스케이팅을 보여주려 출전한 것이다. 경쟁을 타인과 하는 것이 아니라, 자신이 세운 목표와 했다.

프랑스의 문화 훈장인 레지옹 도뇌르를 수여받고 후배들의 쏟아지는 존경을 받으며 서양 미술의 근대를 이룩한 마네, 피겨 스케이팅을 예술의 경지로 끌어올린 김연아는 세상의 평가에 연연하지 않고, 자신들의 확고한 생각에 따라 삶의 태도를 결정했다.

물론 남과 더불어 사는 우리가 세상의 평가에 휘둘리지 않기는 어렵다. 그래도 남의 평가를 내 판단의 기준으로 삼을 필요는 없다. 한 귀로 듣고 한 귀로 흘리고 싶지만 자꾸 남의 의견에 휘둘리며 나다움을 점차 잃어가고 있을 때, 마네와 김연아의 마음가짐을 갖도록 하자. 누구도 나만큼 나를 귀하게 여기지 않는다.

언제나 나의 편인 나를 믿고, 나를 위해 살아야 한다.

에두아르 마네
⟨팔레트가 있는 자화상⟩
1878~1879

—

나 자신을 믿는 한 나는 지지 않는다.

쓸모없는
일이

쓸모가
있다

무명의 예술가가 죽은 뒤에 재발견되어 사람들의 사랑을 받는 이 야기는 항상 놀랍고 흥미롭다.

1926년에 태어나 2009년에 죽은 비비안 마이어(Vivian Maier)는 40여 년에 걸쳐 15만 장의 사진을 찍었다. 그는 생활고로 인해 자신의 짐을 보관한 창고 다섯 곳의 임대료를 내지 못했고, 2007년에 물건들이 경매로 넘어갔는데 지역 역사가이자 길거리 사진가 존 말루프가 자료로 사용하려는 목적으로 그 가운데 30만 장에 달하는 필름 등을 380달러에 낙찰받았다. 곧바로 필름을 현상해서 세상이 그 사진들을 봤더라면, 비비안은 자신의 사진을 사람들이 정말 좋아한다는 사실을 알고 죽었을 것이다.

하지만 말루프는 2년이 더 지나서야 사진들이 평범하지 않음을 깨달았고, 100여 장의 사진을 인터넷 경매 사이트인 이베이에 팔겠다고 올렸다. 유명 예술가이자 비평가인 앨런 세쿠라가 말루프에게 그 사진들을 팔지 말고 작가에 대해 더 알아보라고 조언했다. 비비안에 대해 정보를 모은 말루프는 인터넷 웹사이트와 블로그를 개설해 사진 일부를 올렸고 반응은 폭발적이었다.

1년 뒤 덴마크에서 열린 첫 전시회를 시작으로 오슬로를 거쳐 미국 시카고까지 전시가 이어졌고, 《뉴요커》와 《보그》 등 주요 언론을 위시한 세간의 뜨거운 관심이 쏟아졌다. 이에 그의 삶을 조명한 다큐멘터리 영화 〈비비안 마이어를 찾아서〉가 만들어져 베를린 영화제를 비롯해 세계적인 영화제에서 수상했다.

우연히 알려진 무명의 가정부 사진가

비비안은 보모, 가정부, 간병인 등으로 일하며 평생 독신으로 살았다. 큰 키에 마른 체형의 그는 시대에 뒤떨어진 수수한 블라우스와 헐렁한 남자 셔츠, 단순한 디자인의 중간 길이 치마를 입었으며 여느 여자들과 달리 끈을 묶는 튼튼한 신발을 자주 신고, 화장과 팔찌 같은 악세서리도 안 해서 동네 아이들은 그를 '수녀, 소비에트 연방의 공장 노동자, 여자 교도관, 레즈비언'으로 불렀다. 당시 기준으로는 상당히 남성적인 옷차림에 성격도 무뚝뚝해서

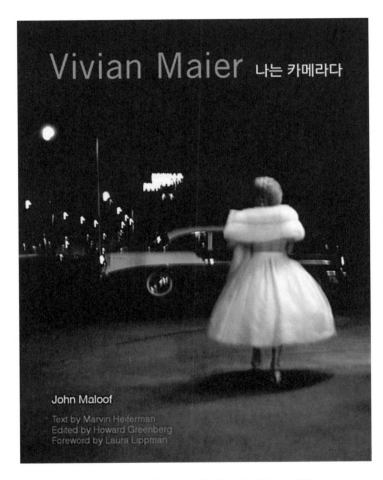

《비비안 마이어 나는 카메라다》 책표지에 실린 그의 사진

눈에 띄었다.

더 독특한 점은, 쉬는 시간과 휴일마다 독일제 롤라이플렉스 필름카메라를 목에 걸고 거리를 다니며 사진을 찍었다는 사실이다. 이 중형 카메라는 초점과 노출을 수동으로 맞춰야 해서 사용하기가 까다로워 아마추어가 쓰기엔 적합하지 않았는데도, 자신이 살았던 뉴욕, 시카고, 프랑스 그리고 여행 다닌 스위스, 이집트, 남아메리카, 홍콩, 마닐라, 방콕, 싱가포르, 캐나다 등에도 가져가 엄청난 양의 사진을 찍었다.

그렇게 촬영한 필름과 사진, 그에 관한 전문 자료와 책 등이 수십 상자 분량이었다. 취미라고 하기엔 이론 공부도 진지하게 병행한 걸 보면 스스로를 사진가로 여겼을 가능성이 높다. 이런 무명의 가정부 사진가가 찍은 사진인데 수준과 깊이가 상당했다. 스트리트 포토의 최고봉이자 미국을 주제로 한 다큐멘터리 사진집으로 손에 꼽히는 걸작인 로버트 프랭크의 《미국인들》처럼, 비비안은 뉴욕의 높은 건물들과 경제 대공황의 불안한 시기를 통과하는 평범한 미국인들의 삶의 순간들을 밀도 높게 포착했다. 어떤 사진들은 '결정적 순간'을 담은 앙리 카르티에 브레송의 작품처럼 반짝이는 재치가 느껴진다.

특히 사진가가 여자여서 그런지 사진 찍히는 여자들의 표정이 상당히 자연스러운 편이다. 아웃사이더 여자로서 어쩌면 길거리에서 마주치는 사람들 가운데 여자와 아이, 노인 등에 더 눈길이 갔을 수도 있다.

"평생을 미혼의 보모로 살았지만 몹시 지적이었던 마이어는 늘 특권, 젠더, 인종, 정치, 죽음 등의 주제에 민감했다."◆ 하지만 그토록 공들여 찍은 눈부신 사진들을 평생 누구에게도 보여주지 않았다.

혼자 찍고 아무에게도 보여주지 않은 이유

비비안은 사진을 일체 누구와도 나누지 않고, 세상에 발표하지 않고, 돈을 벌기 위해 사용하지도 않았다. 남에게 보여주기엔 부족하거나 불만족스러웠을까? 자신의 작품에 만족하지 않으면서 왜 평생에 걸쳐 그토록 많은 사진을 꾸준히 찍었던 걸까? 단지 자신이 갔던 곳과 봤던 것을 기록하려는 차원이었을까? 쉽게 해소되지 않는 호기심들이 연이어 터져 나온다.

이를 해결하기 위해 미국에서 계보 전문가들과 아마추어 사진 탐정까지 추적에 나섰지만, 극히 평범하게 살았던 비비안이니 그 어디에서도 제대로 된 자료들을 구할 수 없었다. 여전히 풀리지

◆ 비비안 마이어,《비비안 마이어 나는 카메라다》, 박여진 옮김, 윌북, 2015, p.15

않는 의문들에 대해, 큐레이터이자 작가인 마빈 하이퍼만은 그가
언제 어디서나 사진을 찍었다는 점에서 출발한다. 인간관계를 어
려워한 비비안이 사진찍기를 통해 세상과의 유대감을 형성했고,
카메라란 자신의 삶을 성찰하는 도구였을 수 있다고 분석한다.
1990년대 비비안의 고용주였던 마렌 베이렌더는 카메라가 비비
안의 친구였다고 말하며, 그가 친구를 통해 세상을 봤으리라 짐작
한다.

"열정적으로 사진을 찍는 사람들에게 사진을 찍는 행위는 삶
의 방식이자 철학적 수행이다. 사진을 추구한다는 것은 사색적이
고 자유로운 행위이며 세상과 어느 정도 거리를 유지하면서도 역
설적이게도 세상과 가장 깊이 공감하는 매력적인 행위다. 사진에
깊이 몰두하는 사진가에게 사진은 즐거움이자 중독이다."◆

남의 시선이 중요했던 시대에 오롯이 자기 자신을 위해, 자기
가 원하는 대로 살면서도 외롭고 쓸쓸했을 비비안의 내면이 그의
사진들에 전기처럼 흐르고 때때로 우리는 감전되듯 찌르르한 동
질감을 느낀다. 그러니 당시 사람들은 돈 안 되는 일에 미쳐 있는
여자로 그를 완전히 오해한 것이다.

◆ 같은 책, p.28

돈 되는 일로는 얻지 못할 돈 안 되는 일의 쓸모

비비안 마이어에게 사진은 돈이 안 되는 일이었다. 가난한 사람이 돈을 벌지 못하는 일을 하면 다들 "돈도 안 되는 일을 왜 하냐?"며 핀잔을 준다. 하지만 돈 안 되는 일이 돈으로 살 수 없는 쓸모를 주기도 한다. 비비안이 유모로 집에 갇혀 있다시피 하다가 자유 시간에 거리를 걸으며, 온 얼굴로 햇빛을 받고 머리카락 사이로 스치는 바람을 느끼고 거리의 사람들을 관찰하고 흥미로운 장면을 찍을 때 느낀 즐거움을, 돈도 안 되는 일이라며 그만하라고 다그칠 수 있을까?

만약 비비안 마이어가 지금 이 시대를 산다면, 아마 돈을 모아 세계 곳곳을 여행하며 사람과 풍경을 찍어서 인스타그램이나 페이스북에 올리지 않을까 하는 상상을 해본다. 1950년대의 미국과 2020년대의 미국의 사회 분위기가 다르니, 아마 자신의 사진을 공유하지 않았을까? 어쩌면 우리는 '현대의 비비안 마이어들'의 창작물을 매일 SNS를 통해 보고 있는 셈이다. 돈을 벌어 남의 눈에는 쓸모없는 일을 하는 듯하지만 그들은 자신의 행복한 순간을 위해 사용하고 있는 것이다.

쓸모없는 일의 쓸모 가운데 가장 큰 몫은, 행복이다. 그래서인지 비비안의 사진들 가운데 참 많은 '셀카'를 보면 '나는 지금 행복하다'는 느낌이 강하다.

난 행복해

평생 사진을 찍었으면서도 사진으로 관심을 받으려 하지 않았던 아웃사이더 사진가이자 보모 사진가이며, '카메라를 든 메리 포핀스'로 불리는 비비안 마이어는 지금 구글에서 영어로 비비안을 검색하면 맨 위에 이름이 뜰 정도로 유명해졌다.◆ 이렇게 홀로 작업하다가 가난하게 혼자 죽은 그를 사람들은 불쌍히 여기면서도 존경한다. 15만 장에 이르는 사진을 찍었다는 점도 있지만 당시 세상의 평가 기준 따위는 신경 쓰지 않고 자기가 원하는 대로 주체적으로 산 삶의 궤적이 감동을 준다. 유명세나 타인의 인정을 선망하는 현대인들에게 비비안은, 그보다 소중한 너 자신이 느끼는 행복을 놓치지 말라고 말하는 듯하다.

"영원히 지속되는 건 없다고 생각해. 우리는 다른 사람을 위한 공간을 만들어야 해. 이건 바퀴야. 일단 타

◆ 《비비안 마이어 : 거리의 사진가》,《비비안 마이어 : 셀프포트레이트》,《비비안 마이어-컬러작품집》과《비비안 마이어 : 발견된 사진가》까지 총 네 권의 사진집이 출간되었다. 한국에는 맨 마지막 책이 《비비안 마이어 나는 사진가다》(월북)로 번역되어 출판됐다. 더 많은 사진을 보려면 홈페이지 http://www.vivianmaier.com 를 참조하면 된다.

면 끝까지 가야 하는 바퀴. 그러면 다른 누군가도 끝까지 가볼 기회를 갖게 되겠지."◆

오디오 테이프에 남겨진 그의 말이다. 자신의 사진이 다른 사람들에게 또 다른 시작의 영감으로 받아들여지리라고 짐작한 듯하다. 요양원에서 죽은 비비안의 유골은 그가 어릴 적 돌봤던 겐스버그 형제가 거둬서 어린 시절 그들이 함께 자주 갔던 딸기밭에 뿌려주었다.

◆ 비비안 마이어, 《비비안 마이어 나는 카메라다》, 박여진 옮김, 월북, 2015, p.43

"아름다움을 보는 영혼은 때때로 혼자 걷는다."

_요한 볼프강 폰 괴테

relationship

/

어른이라 했지만
여전히
관계에 힘든
나에게

생각이
달라도

친구로
지내자

모든 음악가는 고유한 특징이 있다. 베토벤의 음악 세계도 크게 둘로 나뉜다. 5번 교향곡 〈운명〉처럼 웅장하고 박력 있는 곡과 〈월광〉이나 〈엘리제를 위하여〉처럼 서정적이고 로맨틱한 곡이다.

베토벤의 웅장함과 박력을 가장 잘 드러내는 악상 지시어는 '알레그로 콘 브리오(Allegro con brio)'인데, 그의 대표곡인 〈운명〉 교향곡, 피아노 협주곡 3번 〈영웅〉, 5번 〈황제〉의 1악장 시작이 모두 알레그로 콘 브리오, 즉 '씩씩하고 빠르게'로 적혀 있다.

군대가 행진하듯 활기차고 생명력이 샘솟는 기분이다. 이것은 그의 인생과도 잘 어울린다. 음악가이면서 소리를 듣지 못하는 처지를 마침내 극복해내는 불굴의 의지를 가졌으니 말이다.

이런 꿋꿋함으로 그는 평민이었으나 귀족보다 자신을 더 고귀하다고 여겼다. 이를 보여주는 대표적인 사건이 19세기 유럽 예술계의 거장인 괴테와 만났을 때 일어났다.

상대의 예술작품을 존중하며 서로에게 호감을 품었던 그들은 휴양지에서 처음 만나 인사를 나누고 같이 산책했고, 며칠 후에 베토벤이 괴테에게 피아노 연주를 해줬다. 시종일관 좋은 분위기였다고 했는데 두 거장의 만남이 다시는 이뤄지지 않았다. 겉으로 드러내지 않았지만 서로에게 비호감을 갖게 되었기 때문인데, 훗날 밝혀진 바로는 산책 중에 어떤 불쾌한 사건이 있었다고 한다.

고갱과 다툰 뒤 고흐의 귓불 절단 사건만큼이나 흥미로운 괴테와 베토벤의 불화 사건의 전말은 다음과 같다.◆

생각이 다르니, 친구가 아니다

1812년 7월 19일, 괴테와 베토벤은 유럽의 왕과 귀족들이 여름 휴양지로 즐겨 삼았던 온천 지역인 테플리츠에서 만났다. 괴테는 다른 도시에 머물던 아내에게 보낸 편지에서 베토벤을 강한 집중력과 대단한 에너지를 가진 예술가라며, 심지어 내면적 깊이가 그

◆ 나성인,《베토벤 아홉 개의 교향곡》, 한길사, 2018, 모든 인용은 p.293-298 참조

렇게 남다른 예술가는 본 적이 없다며 경탄했다. 이틀 뒤에 베토벤이 괴테를 위해 직접 피아노 연주를 했고 자기 일기장에 "근사하다"고 기록했다.

둘의 관계가 틀어진 사건은 전혀 엉뚱한 곳에서 터졌다. 몇 달후 괴테가 친구 첼터에게 보낸 편지에 그 사건으로 인한 괴테의심정이 담겨 있다.

> "그(베토벤)의 재능은 정말이지 나를 놀라게 만들었지.
> 다만, 안타깝게도 그는 전혀 길들여지지 않은 인격의
> 소유자더군. 물론 그가 이 세상을 역겹다고 여기는 것
> 을 아주 부당하다고 할 수 없지만, 그런다고 해서 세
> 상이 그에게나 다른 사람에게 더 너그러워지는 것은
> 아니지 않은가."

청력 문제가 심각해져서 상대의 말을 거의 듣지 못하게 된 베토벤은, 대화하다 오해를 불러일으키느니 차라리 말을 아끼기로했다. 원래도 사교적이지 못했으나 더더욱 비사교적인 사람이 되었다.

이런 애끓는 사정을 모르는 사람들의 눈에 그는 아주 과묵한성격의 무뚝뚝한 예술가로 비쳤다. 괴테도 베토벤이 겪는 대인 관계의 어려움을 걱정하고 안타까워했다. 그렇다면 베토벤이 괴테

의 말귀를 잘못 알아듣고 엉뚱한 대답을 해 말싸움이라도 벌어진 것일까?

베토벤의 눈에 비친 괴테는 어땠을까? 자신의 악보를 출판하던 고트프리트 해르텔에게 쓴 편지를 보면 알 수 있다.

"괴테 선생은 궁정의 공기를 너무 즐긴 것 같소. 시인 치고는 너무 많이 마셔버린 거요. 정말이지 대가의 우스운 짓거리라 해도 지나친 말은 아닐 거요. 시인이, 나라의 첫째 스승으로 여겨져야 할 시인이 이런 미미한 빛에 다른 모든 것을 잊을 수 있다니요."

여기서 짐작할 수 있듯이, 어떤 사건으로 베토벤은 괴테에 대해 크게 실망했다. 괴테는 베토벤의 대인관계를, 베토벤은 괴테의 태도를 문제 삼고 있다. 영웅으로 떠받들던 괴테의 '우스운 짓거리', 괴테가 시인으로서 격에 맞지 않게 저지른 행동이란 무엇일까?

이 사건의 진실은 둘의 만남을 주선한 독일 시인이자 극작가 베티나 폰 아르님에 의해 알려졌다. 괴테와 베토벤이 함께 산책하고 있을 때였다. 반대편에서 황제와 신하들이 다가왔다. 이때 베토벤이 괴테에게 말한다.

"그냥 제 팔을 붙잡고 가만히 계시지요. 길을 비켜야
하는 건 우리가 아니라 저들입니다."

하지만 이미 괴테는 길옆으로 비켜서서 모자를 벗어 공손하게
고개를 숙이고 있었다. 이에 베토벤은 몹시 심하게 화를 내며,

"저는 선생님을 존경하고 크게 여기기에 오히려 저들
의 인사를 받을 자격이 있다고 생각했는데요. 그런데
선생님은 저들에게 너무 많은 예의를 차리시네요!"

신분제 사회에서 왕이 거리를 행차하면 길가로 비켜서서 고개
숙여 예를 갖춰야 했다. 괴테가 아무리 예술가로 위대해도 백성으
로서 당연히 해야 할 행동을 했을 뿐이다. 이를 두고 베토벤은 괴
테가 황제에게 너무 굽신거린다고 생각했고, 괴테는 베토벤이 예
절을 무시한다고 여겼다.

둘에게는 저마다 이유가 있다. 베토벤은 프랑스혁명의 정신으
로 모두가 평등하다고 생각했고, 예법보다 인류애가 중요하다고
믿었다. 괴테의 입장에서는 베토벤이 예의를 지키지 않으니 평가
가 좋지 않을 수밖에 없었고('음악은 훌륭한데 사람은 좀 가깝게 지내
기 어렵겠군'), 베토벤 입장에서는 위대한 예술가 괴테가 구시대 질
서를 따르니 실망했던 것이었다('작품은 위대한데 예술가로서 자존심

이나 역사인식이 빈약한 옛날 사람이군').

악상 지시어로 비유하자면 베토벤은 괴테에게 '위엄있고 당당하게'를, 괴테는 베토벤에게 '시대에 맞고 친절하게'를 기대한 셈이다. 요즘으로 치면, 둘의 정치 성향이 너무나 달랐다. 괴테는 18세기의 세계관으로 19세기를 살아가던 보수, 베토벤은 황제가 지배하는 나라에서 모든 국민이 평등한 공화정의 가치관으로 살아가던 진보였다.

서로의 다름을 껴안을 수 있는, 친구

평소에 존경하던 누군가가 우리가 보기에 부당한 권력자나 자신보다 지위가 높은 사람 앞에서 고개를 조아리는 모습을 보면 괜히 실망스럽다. 하지만 그게 그 사람의 전부는 아니고, 그도 나름의 사정이 있을 것이다. 더 나아가 권력에 아첨하고 상사에게 아부한다고 그와 친구관계까지 끊어야 옳은 것일까? 어떤 문제에 관해 나와 생각이 같아야만 친구일까?

우리는 좀체 자신의 생각을 바꾸지 못한다. 왜냐면 생각은 삶의 결과물이기 때문이다. 지금까지 살면서 갖게 된 생각을 바꾼다는 것은 어쩐지 우리의 과거를 부정하는 기분이 든다. 그래서 오랜 친구가 우리에게 자신의 생각을 강요하면 서로 어색해지고 멀어지기 쉽다. 그는 내가 자신의 생각에 동조하지 않아 섭섭하고 나는 그가 왜 이해해주지 못하는지 서운하다. 그러니 어떤 사회문제나 정치적 사건에 관해 이야기를 나눌 때, 친구의 의견이 나와 완전히 달라도 놀라거나 비아냥대서는 안 되고, 특히 나와 같은 의견을 갖도록 아득바득 설득하지 말아야 한다.

친구는 생각의 같음(교집합)과 다름(여집합)이 공존하는 사람이다. 나와 같은 생각을 품기도 하지만 완전히 반대되는 생각도 갖고 있다. 생각이 같아야만 좋은 친구가 아니다. 때때로 다른 생각을 가진 친구가 곁에 있어야 세상을 보는 우리의 시야가 넓어지기도 한다. 무엇보다 서로의 다름을 품은 친구의 우정이 더욱 깊고 단단할 것이다.

이런 면에서 괴테와 베토벤에게 소개하고 싶은 친구들이 있다. 프랑스 인상주의 화가 마네와 모네, 르누아르는 정치적인 견해는 완전히 달랐지만 동료로서 잘 지냈는데, 그들의 우정을 보여주는 대표적인 사건이 있다.

1894년 유대인 출신의 프랑스 군인인 드레퓌스가 군사정보를 독일대사관으로 빼돌렸다는 '드레퓌스 사건'이 터졌다. 파리의 독일대사관에서 발견된 서류의 필체가 드레퓌스의 글씨체와 비슷하다는 것이 반역행위에 대한 유일한 증거였다. 이런 허접한 증거는 결정적인 증거가 되지 못했고 곧이어 헝가리 태생의 에스테라지 소령이 진범으로 지목됐다. 하지만 진실 따위에는 관심 없던 군 수뇌부는 서둘러 진상을 은폐하고 에스테라지를 무죄로 석방했고, 드레퓌스에게 간첩혐의를 씌워 종신형을 선고했다.

이 어처구니없는 '드레퓌스 사건'은 1870년의 보불전쟁에서 독일에게 패했던 프랑스의 반독일정서가 만들어낸 조작사건이었다. 프랑스의 여론은 완전히 둘로 나뉘었다. 평소에 진보적인 공화주의자였던 마네와 모네는 뒤레퓌스의 무죄를 믿는 쪽이었고, 왕당파에 가까운 르누아르는 반뒤레퓌스파였다.

온 나라를 들썩이게 한 정치사안이었기에 완전히 대립할 수도 있었지만 그들은 여전히 가까운 친구이자 돈독한 동료로 허물없이 잘 지냈다. 서로의 그림 스타일이 달랐듯이, 생각의 다름도 넉넉히 받아들였기 때문이다.

셋이 같은 날 한 장소에서 완성한 그림들이 있다. 모네의 집에 마네가 놀러 와 함께 그림을 그리고 있는데, 뒤늦게 르누아르가 합류해서 모네에게 물감과 캔버스를 빌려 그린 그림들이다.

르누아르와 마네는 그림을 모네에게 선물했다. 힘든 시기를 우정을 나누며 함께 헤쳐 나가는 그들의 모습이 그림만큼이나 빛난다.

에두아르 마네
⟨아르장퇴유의 집 정원에 있는 모네 가족⟩
1874

—

마네는 일부러
모네가 좋아하는 보라색을 칠했다.

클로드 모네
〈모네의 정원에서 그림을 그리는 마네〉
1874
–
모네는 마네의 스타일로
이젤 앞의 마네를 그렸다.

오귀스트 르누아르
〈모네 부인과 아들〉
1874
–
풍경보다 사람에 집중하고,
모네의 부인 카미유와 아들 장 곁에
닭과 병아리를 두어서 모성애를 강조한다.
르누아르의 재치 있는 구성과
활발한 붓터치가 매력적이다.

상대와 좋은 관계를 유지하기 위해선 틈이 필요하다

기도하는 손 모양은 달라도 기도하는 마음은 같다. 내가 지지하는 정치인이 좋은 정치인이라면, 내 친구가 지지하는 정치인도 그럴 수 있다.

좋음의 건너편에는 나쁨이 아니라, 또 다른 좋음이 있을 수 있다. 만약 아무리 생각해도 친구가 지지하는 정치인이 나쁜 정치인이라면, 더 이상 그에 관해 이야기하지 말자. 가까운 사이라고 모든 것을 터놓아야만 하는 것은 아니다. 관계를 잘 유지하기 위해서는 해야 할 것과 하지 말아야 할 것을 나누고, 그 선을 지키는 노력이 필요한 법이다.

생각이 달라도 좋은 친구로 지내고자 할 때 무엇보다 대화의 태도가 중요하다. 상대를 설득하려 들지 말고 먼저 그의 이야기를 경청하자. 입이 근질거려도 꾹 참고 귀를 활짝 열자. 이야기를 다 듣고 한마디 해야 한다면, 인신공격이 되지 않도록 신중하게 단어를 선택하여 말을 조심하자. 가까운 사이일수록 작은 가시가 큰 칼이 되기도 한다.

좋은 친구는 살면서 만나기 어렵고 좋은 친구 사이를 유지하긴 더 어렵지만, 친구는 이 넓은 세상에서 나를 진정으로 이해해주는 사람이니 무엇과도 바꿀 수 없는 소중하고 고마운 존재다.

"혹 나무라시더라도 그것은 저와 제 예술을 위한 양약이 될 것이기에 저는 기꺼이 그것을 제일 큰 칭찬으로 듣겠습니다."*

_루트비히 판 베토벤(괴테에게 보낸 편지 가운데, 가까운 사람의 말에 상처받을 때 기억해두면 좋을 베토벤의 말)

이별 후를
견디는

몇 가지
방법

사랑은 기쁨과 슬픔, 집착과 질투, 환희와 분노가 공존하는 감정이다. 서로 사랑해서 만났다가 세상에 둘도 없는 원수로 헤어지기도 하고, 별다른 감정 없이 만났다가 평생을 사랑하는 경우도 있다. 이런 모순과 예측불가한 사랑에 다들 빠지고 싶어하고, 이별의 고통에 두 번 다시 사랑하지 않겠다고 다짐하다가도 어느새 새로운 사람과 분홍빛 미래를 꿈꾸곤 한다.

우리 삶에서 사랑이 없어진다면 세상 모든 술집과 예술작품이 사라지리란 농담처럼, 사랑은 인간의 생명과도 같다. 예술가들은 사랑을 시작할 때의 설렘과 달콤함보다 이별의 고통과 슬픔에 더 관심을 가졌다. 때때로 그들은 작품으로 이별의 상처를 치유하고자 했는데, 현대 무용계의 혁신가인 피나 바우쉬(Pina Bausch)도 그랬다.

독일 무용가이자 안무가인 피나 바우쉬는 열다섯 살 때, 당시 최고의 독일 안무가인 쿠르트 요스가 세운 학교에서 무용을 시작해 뉴욕 줄리아드 학교에서 유학했다. 1973년 독일의 작은 도시 부퍼탈로 돌아와 부퍼탈 시립극장의 예술감독으로 취임하여 35여 년을 재직했다.

그는 연극과 무용을 접목시킨 '탄츠테아터(춤연극)'라는 당시로서는 생소하고 파격적인 형식, 감각적이고 독창적인 무대, 사랑에 대한 폭력적인 표현법 등으로 말미암아 초기부터 평론가와 관객들의 거센 반대와 열렬한 환영을 동시에 받았다. 1974년 첫 작품 〈프리츠〉부터 2008년작 〈스위트 맘보〉까지 거의 매년 신작을 발표할 정도로 활발히 활동을 했다. 그러다가 2009년 6월에 암으로 갑자기 세상을 떠났다.

무용은 인간의 신체 동작으로 메시지를 표현한다. 피나 바우쉬 작품의 특징은 무용에 연극적인 요소를 받아들여 인간의 정서를 적극적으로 표현한다는 점이다. 그래서 무용수들은 안무가의 지시에 따라 움직이는 기계적인 신체가 아니라 각자의 삶, 과거, 경험, 사랑, 생각 등에서 스스로 느낀 정서를 춤으로 표현하는 독립적인 표현수단이 된다.

이런 맥락에서 "나는 무용수들을 어떻게 움직일 것인지보다 무엇이 그들을 움직이게 하는지에 더 관심이 있다"라고 하던 바우쉬의 말을 쉽게 이해할 수 있다. 즉 슬픔을 단어로만 아는 무용수와 그것을 실제 자신의 몸으로 체감한 무용수가, 슬픔을 무용으로 표현하는 깊이는 다를 수밖에 없다. 이런 이유로 피나 바우쉬는 동작 중심의 무용을 정서 중심으로 바꾸었고, 무용에 대한 지식이 없는 일반인도 그의 작품을 보며 웃고 울었다.

이토록 무용에서 정서를 중요시하는 그에게 1980년은 평생 잊을 수 없는 한 해였다. 탄츠테아터 부퍼탈의 무대 디자이너이자, 예술적 동지이자, 그의 연인이었던 롤프 보르칙이 병을 앓다 죽은 해이기 때문이다. 그러니까 사랑에 대해 끊임없이 느끼고 이야기하고 춤추던 그에게 1980년은 이별의 고통을 뼈저리게 직접 체험한 시기다.

1980년 초, 바우쉬는 병세가 잠시 호전된 보르칙과 함께 처음으로 한국에 공연을 하러 왔었다. 하지만 1월의 매서운 추위로 인해 보르칙의 병세는 더욱 악화되었고 내한 공연을 마치고 독일로 되돌아간 얼마 후, 1월 27일에 세상을 떠났다. 그래서 바우쉬는 2005년 서울을 주제로 한 작품 〈러프 컷〉을 위해 한국을 찾았을 때, 서울을 '잊을 수 없는 도시'로 기억하고 있었다. 당연히 그 작품의 주된 테마는 회상과 추억이었다.

그는 그때 같이 한국을 오지 않았더라면 보르칙이 더 오래 살았을 텐데라고 상상하지 않았을까? 병으로 아파하는 연인의 고통을 바라보는 고통은 어땠을까? 사랑하는 연인을 홀로 두고 떠나야 했던 마음은 어땠을까? 의지로는 죽음 그 자체를 어쩌지 못함에서 비롯되는 절망은 또 얼마나 그들을 아프게 했을까?

그러므로 그의 슬픈 사연을 떠올리게 하는 작품의 제목이 완성을 뜻하는 파이널 컷이 아니라 여전히 진행 중인 '러프 컷'이었음은 의미심장하다. 그는 연인과 마지막으로 왔던 여행지에서 작품을 통해 '나는 여전히 당신을 생각하고 있어요'라고 고백하는 것이다.

마음의 아픔이 몸의 춤이 되다

상실의 슬픔은 언제 가장 클까? 아름다운 미래를 함께 꿈꾸며 행복에 젖어 있을 청춘의 연인이 어쩔 수 없는 이유로 이별을 생각해야만 하는 순간이 가장 슬프지 않을까? 그런 불길한 생각들을 바우쉬는 피하지 않고 작품으로 녹여내기로 했다.

1978년에 발표한 〈카페 뮐러〉에서 그는 흰 잠옷을 입고 눈을 감은 채 몽유병자처럼 빈 의자가 늘어선 카페 안을 이리저리 떠돌아다니고, 벽으로 달려가 몸을 부딪히고 바닥에 나뒹굴다 쓰러진다. 카페 밖으로 나가려고 해도 빙글빙글 도는 회전문으로 인해 다시 어느새 떠나려던 곳으로 되돌아올 수밖에 없다. 출구가 막힌 이곳에서 그는 누군가를 찾아, 무언가를 찾아 카페 안을 떠돌아다니는 행위를 멈추지 않는다. 그곳에서 죽음의 탄식을 담은 오페라 〈디도와 아이네아스〉의 아리아가 반복된다.

보르칙이 죽고 난 몇 달 후, 그는 〈1980〉이라는 의미심장한 제목의 작품에서 장례식 장면을 비롯한 연인의 죽음을 직접적으로 드러낸다. 이 작품에서 관객을 가장 많이 울렸던 장면은 한쪽 구두가 벗겨져 외발로 무대 위를 걸어 다니던 남자의 모습과 중간중간에 등장하는 마술 장면이었다. 연인을 잃은 나는 이제부터 세상을 절뚝거리며 살아가야 한다는 슬픔과, 그런 현실이 너무 끔찍해서 마술로라도 그를 되살리고 싶다는 마음이 전해졌기 때문이다.

〈1980〉은 연인의 죽음 직후에 닥친 얼얼한 현실을 〈카페 뮐러〉보다 더 직접적으로 보여준다. 하지만 아직까지는 연인의 상실로 인해 그녀가 겪는 눅눅한 고통이 온전히 드러나지 않는다. 마치 하늘이 짙게 흐려진 뒤에야 비가 내리듯, 고통은 그 사실을 내면으로 받아들인 후에야 불현듯 느껴지기 마련이다.

1980년 12월 21일, 바우쉬는 〈반도네온〉을 무대에 올린다. 비로소 그가 직접 체험한 상실의 고통이 피아노가 놓인 남미의 댄스홀을 배경으로 쏟아진다. 그 고통은 내가 사랑하고 나를 사랑해주는 연인이라는 존재가 영원히 사라졌다는 것, 그리고 다른 무엇으로도 그를 대체할 수 없다는 사실을 깨달음으로써 비롯된다.

그에게 보르칙은 사랑이 잠시 머물렀던 대상이 아니라, 사랑 그 자체였다. 앞으로 만남과 이별은 있겠지만, 그와 같은 사랑은 없을 것이다. 이제 사랑 없이 이 세상을 살아가야 한다.

사랑한 기억은 힘이 된다

이별은 연인과 꿈꾸고 바랐던 모든 미래의 상실이다. 지난 시간은 추억으로 간직할 수 있어도 미래는 상상으로만 존재할 뿐이다. 바우쉬처럼 사랑을 품은 채 맞게 된 이별은 끝이 없다. 마음은 계속되고, 슬픔은 우리를 쉽사리 놓아주지 않는다. 피나 바우쉬는 이별로 비롯된 감정들을 〈카페 뮐러〉, 〈1980〉, 〈반도네온〉에 녹여냈고, 그와 비슷한 고통을 겪는 수많은 사람들은 그의 작품을 통해 깊은 위로를 받았다.

함께 보는 풍경을 보며 나누는 이야기, 다른 사람들의 눈길을 피해 교환하는 은밀한 눈빛과 속삭임, 남들은 뛰어가는데 천천히 걸어도 불안하지 않은 든든함, 서로의 땀을 닦아주고 시원한 물을 나눠 마셨던 추억들은 내 몸과 마음의 가장 밑바닥까지 스며든다.

그가 떠나고 함께 걸었던 길을 혼자 가야 하니 두렵고 슬프지만, 내 몸 안에 그와 나눴던 시간이 남아 있다. 그 달콤함을 힘으로 삼아 다시 한 발 내디뎌보자. 그가 없어도 그와 나눈 사랑의 시간은 사라지지 않는다. 이별 후에도, 그 사람을 사랑했고 그 사람에게 사랑받은 나는 다시 그때처럼 아름답게 빛날 수 있음을 믿고, 함께해서 좋았던 것들을 기억하자.

사랑했던 사람과 헤어져 현재가 몹시 고통스러운 이, 연인을 미워하지 않으며 사랑을 떠나보내고 싶은 이들에게 영화 〈동사서독〉의 대사 한 줄을 실어 보낸다.

"인간이 번뇌가 많은 까닭은 기억력 때문이라고 한다.
(내가 사랑했던 여인이 죽은)그해부터 나는 많은 일을 잊
고, 그녀가 복사꽃을 좋아한 것만 기억하기로 했다."

_영화 〈동사서독〉

잘 가꾼
우정은

사랑보다
뜨겁다

남녀 사이에 우정은 가능할까? 오누이나 남매, 동료로서 서로를 아끼되 육체적 욕망은 없는 '남사친', '여사친'이 가능하다는 쪽과 그것은 단지 사랑으로 가는 과정일 뿐이므로 불가능하다는 주장이 공존한다. 이에 관한 자신과 주변의 경험까지 더해지면 달걀이 먼저냐 닭이 먼저냐처럼 각자의 의견이 확고한 문제가 되어버린다. 결국은 당사자들의 경우와 상황에 따라 답이 달라질 수밖에 없다.

예술사에서 유명한 클라라 슈만과 요하네스 브람스의 관계도 우정과 사랑 중 무엇인지 풀리지 않는 의문이다. 로베르트 슈만을 존경한 브람스가 슈만이 죽은 후에 그의 부인인 클라라에게 애정이 있었더라도 말하지 못하고 혼자 삭혔으리란 설, 19세기 말 유

럽의 도덕주의적인 시대상황상 브람스가 고백했지만 클라라가
거절하고 우정을 유지했을 것이란 설, 결국 둘이 침대를 나누는
애정의 관계였을 것이란 소수의견까지 혼재한다.

우정과 사랑의 경계를 미묘하게 오갔을 듯한 클라라와 브람스
만큼, '색채의 마술사'로 불리는 화가 앙리 마티스(Henri Matisse)도
굉장히 흥미로운 이야기를 갖고 있다.

사랑이 지나가도 우정은 남았다

프랑스 남부의 니스 근교에 위치한 작은 도시 방스에 '방스의 로
자리오 예배당'이 있다. 화가로 세계적인 명성을 누리던 앙리 마
티스가 1948년부터 4년에 걸쳐 이곳의 스테인드글라스와 벽화
를 그리고 제단과 신부의 사제복까지 디자인했기 때문에 '마티스
성당'으로도 불린다. 마티스가 이 성당의 작업에 참여한 이유는
신앙심이 아니라, 자크 마리 수녀 때문이었다. 둘의 인연은 1942
년으로 거슬러 올라간다.

당시 십이지장암 수술을 받은 72세의 마티스는 몸이 좋지 않
은 상태에도 붓을 손에서 놓지 않았다. 이런 상황이니 하루 종일
자신의 곁에 상주하는 전담 간호사가 필요했고, 그는 "예술가, 앙

리 마티스가 상주 간호사를 구한다"는 광고를 지역 신문에 냈다.

일자리를 찾아서 니스에 정착한 간호학교 1학년생인 모니크 부르주아가 구인 광고에 지원한다. 마티스의 비서인 리디아가 면접을 본 후 모니크를 채용했다. 초반에 마티스와 모니크는 잘 맞지 않았으나, 어느 날 마티스가 자신의 그림에 대한 의견을 물었고, 모니크는 "색깔은 정말 좋은데, 데생은 별로"라고 답했다.

다른 사람들과 달리 마음에도 없는 거짓 칭찬을 늘어놓지 않는 모니크의 솔직함에 마티스는 호감을 가지면서 둘의 심리적 거리가 가까워졌다. 이에 그림을 취미로 그리던 모니크에게 노대가는 원근법을 알려주고 진솔한 조언도 가끔 곁들였다. 외출을 할 수 있을 정도로 마티스의 병세가 많이 좋아졌고, 전담 간호사로서 계약도 끝나서 모니크는 간호학교에 복학했다.

그러던 어느 날 리디아가 모니크에게 전화를 걸어 마티스의 그림 모델을 해달라고 요청했고, 둘은 '환자-간호사'에서 '화가-모델'로 다시 만나게 됐다. 모니크는 내심 마티스가 아름다운 초상화를 그려주리라 믿었는데, 막상 완성된 작품은 전혀 그렇지 않았다. 마티스 스타일의 초상화일 줄은 알았지만, 그래도 그림이 그다지 예쁘지 않아 실망했다고 솔직하게 마티스에게 털어놓았다.

그 후로도 마티스는 총 네 점의 모니크 초상화와 많은 데생을 그렸으니, 모델로서 모니크는 자주 마티스를 보러 왔었고, 함께하

앙리 마티스

〈아이돌〉

1942

—

모니크를 모델로 그린 초상화.
'우상'이란 제목을 붙였다.

는 시간이 많아질수록 둘의 관계는 돈독해졌다. 모델료는 물론이고 2차 대전의 여파로 모두가 몹시 궁핍했던 당시에 마티스는 모니크에게 생필품과 음식 등도 많이 내주었다.

모니크 초상화에 잘 묘사되듯이, 마티스는 모니크의 풍성하고 부드러운 머리카락을 아주 좋아했다고 한다. 혹자들은 이 무렵에 둘 사이에 화가와 모델 이상의 연정이 있었다고 추측하는데, 둘 사이를 갈라놓는 뜻밖의 사건이 생긴다.

1944년에 모니크는 수녀가 되고자 결심하고 마티스에게 작별 인사를 한다. 이에 마티스는 크게 놀라며 교육비와 생활비 등을 주겠다고도 했지만, 모니크의 결심을 되돌리지 못했다. 모니크가 떠나고 마티스는 두세 달 동안 그림을 그리지 않았을 정도로 크게 낙심했다.

2차 세계대전이 끝나고 1946년 그들이 재회했을 때, 모니크는 자크 마리 수녀가 되어 있었다. 그토록 반대하고 낙심했던 마티스는 수녀복을 입은 모니크에게 몹시 감동했다. 1년 후, 자크 마리 수녀는 화재로 불탄 수도원을 새로 짓는 계획을 마티스에게 전했고, 흔쾌히 노대가는 아무런 보수도 받지 않고 작업에 참여했다.

공사 기간이 예상보다 상당히 길어졌지만 마티스는 자신의 돈을 아낌없이 쏟아 부었고, 1951년 6월 25일에 성당은 축성되었다. 모니크에서 자크 마리 수녀가 된 친구를 향한 마티스의 깊은

앙리 마티스
〈얼굴—꽃〉
1948

우애의 결과물이었다.

사랑의 열기와 우정의 온기의 조화

'유명 환자와 젊은 간호사'에서 '노대가와 여자 모델'로 관계가 이어지다가 어느 날 모니크가 수도원으로 들어갔으니, 멀리서 보는 사람들은 저들이 무슨 사연이 있겠구나' 의심하고 여러 말들이 만들어지고 옮겨지면서 살이 보태졌을 법하다. 둘의 나이 차나 마티스의 건강상태로 짐작컨대 그들이 에로틱한 남녀관계는 아니었을 가능성이 크다. 물론 프랑스 같은 나라에서 나이 차가 사랑에 걸림돌이 아니니, 61세의 피카소와 21세의 프랑수아즈 질로처럼 마티스와 모니크도 서로에게 연정을 품었을 수도 있다. 설령 그렇다 하더라도, 그런 분홍빛 시절이 지난 다음이 중요하다.

열기가 빠져나간 사랑은 상처로, 영원한 타인으로 남는 경우가 많은데, 상대를 향한 마음의 온기를 간직한 마티스와 자크 마리 수녀는 더없이 친밀한 친구로 지냈다. "우정을 통해서만 타인을 진정으로 알 수 있다"는 철학자 아우구스티누스의 말처럼, 그들은 우정으로 서로를 깊이 이해하여 (에로스적인 사랑의 단계를 지나) 사랑 이상의 우정, 우정 이상의 사랑으로 하나되었다.

앙리 마티스
〈생명의 나무〉
로자리오 성당 스테인드글라스
1949~1950

이런 그들의 관계를 보여주는 작품이 로자리오 예배당에 있다. 자크 수녀가 종이에 초록, 노랑, 파랑을 칠하면 마티스가 그 위에 스케치를 하고 오려서 벽에 붙인 〈생명의 나무〉다. 나이와 성별, 우정과 사랑의 경계를 넘어서, 그들이 인간 대 인간으로 나누었던 진실한 다정함은 신을 향한 사랑과 다르지 않은 듯하다.

우정 없는 사랑은 지속되기 어렵고 사랑 없는 우정은 깊어지지 못한다. 보통의 우리는 우정과 사랑이 정확하게 구분되어야 마음 편하지만, 어떤 경우에는 우정과 사랑이 분리되지 않고 하나이기도 하다. 그런 이들에게 우정은 사랑을 품고 강건하게 이어지고, 사랑은 우정의 씨앗에서 피는 꽃과 같다. 진심은 변하지 않는 마음이니, 그것만 있다면 관계의 이름이 무엇이든 상관없지 않을까?

"사랑하고, 날고, 달리고, 기뻐하는 이는 자유로우며 어떤 것도 그를 붙잡을 수 없다."

_앙리 마티스

피카소의
자녀교육에

없었던 것

인간은 36.5도의 체온으로 살아간다. 하지만 인생을 살아가는 온도는 제각기 다르다. 물이 끓듯이 100도로 몹시 뜨겁게 살거나, 얼음이 얼 정도로 차가운 0도의 사람도 있다. 평범한 사람은 그런 이들에게 가까이 가면 데이거나 동상이 걸려 다치기 십상이다. 그렇다면 파블로 피카소(Pablo Picasso)란 사람은 어땠을까?

눈코입을 삐뚤고 어긋나게 그리고 "이건 피카소 스타일이야"라고들 한다. 그만큼 독창적인 스타일의 대명사가 된 피카소는, 여덟 살에 이미 자신이 르네상스의 3대 천재 중 하나인 라파엘로라고 말할 정도로 어려서부터 미술에 놀라운 두각을 드러냈고, 스페인을 떠나 파리로 와서 〈게르니카〉를 비롯해 입체주의(큐비즘)를 표방한 일련의 작품을 통해 세계적인 스타가 되었다.

작품만큼 사생활도 유명했다. 48세에 17세의 마리 테레즈와 외도를 벌이는 등 막장드라마에 버금가는 연애사가 끊이질 않았다. 충격적인 작품과 스캔들의 그늘에는 희생자가 존재하기 마련인데, 특히 첫아들이 그러했다.

내가 하라는 대로 해라

"학교에서 배우는 게 다 무슨 소용이냐. 아무 짝에도 쓸모없다. 부모님이 궁여지책으로 나를 집어넣은 말라가의 산 라파엘 중학교에서 나는 모든 과목이 형편없었단다. 그렇지만 그것 때문에 성공하는 데 지장이 있었던 건 아니다."◆

37세의 피카소는 러시아 발레리나 올가 코홀로바와 처음으로 결혼하여 아들 파울로를 뒀다. 그런 아들이 오토바이 레이서가 되겠다는 뜻을 밝히자마자, 피카소는 "안 돼. 그따위 어리석은 짓일랑 당장 그만둬. 이건 명령이야. 네가 네 자신을 죽이는 꼴을 난 보고 싶지 않다. 게다가 난 속도가 너무 무섭고 싫다. 다시는 그걸 타

◆ 마리나 피카소, 《나의 할아버지 피카소》, 백선희 옮김, 효형출판, 2002, p.31

고 오지 마라"라며 단호하게 반대한다. 아버지로서 아들의 생명이 걸린 위험한 직업을 막는 것은 당연하다. 여기까지만 말했더라면 그렇다고 믿을 수 있지만, 다음의 말까지 듣고 나면 갸우뚱하게 된다.

"넌 무능력한 데다 부르주아 무정부주의자야." ◆

아버지 피카소는 아들에게 무슨 일이든 하려고 애를 써보는 것은 좋지만, 결국엔 안 될 거라는 말을 자주 했다. 어린 나이에 실패자로 낙인찍힌 아들은 아버지에게 반항하여, 오토바이 경주 대회에 참여한다. 그 무렵 피카소와 동거 중이던 프랑수아 질로가 당시 부자간의 갈등을 훗날 밝혔다.

"아버지(피카소)로부터 아무짝에도 쓸모없는 인간이라는 소리를 듣는 데 진력이 난 파울로는 자신이 적어도 오토바이를 타는 것에는 쓸모가 있다고 외쳤다. 그리고는 몬테카를로에서 출발하는 경주에 참가하여 벼랑길 코스를 따라 지그재그로 달렸고, 프로 선수들 가운데서 2등을 차지했다." ◆◆

◆ 같은 책, p.29
◆◆ 같은 책, p.30

황소처럼 강력한 권위를 폭력적인 말로 행사하는 아버지에게 풀죽었던 그는, 나름대로 아비의 뜻에 반항하며 자신의 길을 찾으려 애썼었다. 하지만 세상의 찬사를 한몸에 받는 아버지를 돌파할 힘이 10대 소년에게는 없었고, 자신의 편도 없었다.

그 후 아들은 아비의 그늘에서 돈을 구걸하다시피 얻어내며 무기력하게 살아갈 수밖에 없게 됐다. 아비가 아들을 무엇도 못하게 막은 진짜 이유는 무엇일까? 첫아들에 대한 애정이 지나쳐서 그를 너무 나약하게 만든 것일까?

한 산에 두 마리의 호랑이는 살 수 없다

이 질문에 대해 피카소 가족 가운데 나름의 답을 제시한 사람은 파울로의 딸(피카소의 손녀) 마리나 피카소다. 어린 시절부터 그는 제 아비가 할아버지에게 문전박대와 무시를 당하는 모습을 직접 보고 자란 탓에 할아버지에 대한 증오심이 컸다. 그의 눈에 비친 할아버지 피카소는 제 아비의 인생을 망친 냉혈한이자, 푼돈으로 사람들의 자존심을 망가뜨리는 소시오패스였다.

마리나가 보기에 피카소 주변 사람들은 모두 피카소라는 태양의 곁에서 불멸과 부유함을 꿈꿨고 그에게 최대한 가까이 다가가길 원했다. 하지만 그들은 피카소보다 더 뜨겁지 못하면 타 없어진다는 사실을 몰랐고, 알아챘을 때는 이미 삶이 피폐해진 후였다.

피카소는 주위 사람들의 영혼까지 말끔히 뽑아 흡수한 후에 가차 없이 버렸고, 껍질만 남겨진 채 버려진 그들은 바닷가에 둥둥 떠다니는 죽은 해파리와 다름없었다. 이런 모습을 곁에서 봐야 했던 마리나는, 피카소가 파울로를 무시하고 억누른 이유는 한 가족 내에 두 명의 피카소를 상상한다는 건 곧 대역죄를 짓는 일이었기 때문이라 추측한다.

파울로의 고난은 이름에 '피카소(Picasso)'를 붙인 가혹한 대가였다는 뜻이다. '피카소'란 성으로 유명한 사람은 자기만 있어야 하는데, 혹시 제 아들이 유명해지면 그럴 수 없기 때문이다. 한 산에 두 마리의 호랑이는 살 수 없고, 피카소라는 하늘에 태양은 '파블로 피카소' 하나여야만 한다. 피카소에게는 '나'밖에 없었다고 마리나는 말한다.

혹여 아들의 앞날을 걱정해서 위험해 보이는 일을 못하도록 했다는 피카소의 말을 고스란히 믿어주더라도, 그것은 전적으로 그의 어리석음이다. 자신이 아들에게 모든 것을 해줄 수 있는 왕이라고 생각했으나, 사실은 물려줄 왕권도 없었고, 마음대로 쓰게 할 금고열쇠도 주지 않았다. 아들을 화가로 키우지도 않았고, 새로운 일에 도전하는 것마저 사사건건 나서서 막았기 때문이다.

피카소가 나쁜 아버지인 가장 큰 이유는, 자신의 성공법을 강요했기 때문이다. 자신은 부모가 넣은 학교에서 공부를 못했으나 그 역경을 딛고 화가로 성공했다는 그의 말뜻은 '너도 내가 시키는 것을 못하더라도 성공할 수 있다'가 아니라 '그런 역경을 딛고 성공한, 위대한 피카소의 말을 너는 들어야만 한다'였다. 자신이 성공한 방법만 보편적 법칙으로 믿는 것은 스스로를 완전무결한 사람으로 착각한 오만의 결과물이다. 우리 사회에서도 자기 분야에서 성공한 사람들이 흔히 저지르는 오류다. '나처럼 하라'는 그들의 조언이 호의와 사랑에서 비롯됐더라도 이는 결국 듣는 이를 망치고 만다. 마르크스의 말처럼, 지옥으로 가는 길은 호의로 가득 차 있다.

유명하다고 좋은 아버지는 아니다

부모와 자식이 외모는 닮아도 꿈과 성격은 다르다. 그러니 다른 사람에게 자신의 성공법칙을 적용한다고 해서 상대도 자신처럼 성공하는 것이 아니며 남의 인생을 복사한다고 내 인생이 되지는 않듯 말이다. 파울로는 제 아비의 돈과 유명세로 세상의 무엇이라도 할 수 있어 보였지만, 사실은 아무것도 할 수 없었다.

"네가 ○○○의 아들이지?", "무슨 걱정이 있겠어? 정말 좋겠다" 등의 말과 시선에 아주 어릴 적부터 갇혀버린 탓이다. 무언가를 제대로 해내지 못하면 아버지와 비교를 당해야 했고, 그런 시선들이 두려워 아무것도 하지 못했다. 그렇지만 파울로는 피카소의 그늘을 벗어나려 끊임없이 노력하고 홀로 섰어야 했다. 그가 오토바이를 포기하는 순간, 그의 나머지 인생은 정해진 셈이다.

피카소는 100도의 체온으로 살았던 황소였으나, 아들은 36.5도보다 낮은 온도로 사는 송아지였다. 열기로 펄펄 끓는 황소에게 다가갈수록 송아지는 불타 없어져갔던 셈이다. 결과적으로 피카소는 천재로 불릴 만큼 독창적인 화가였으나, 제 아들의 앞날을 놀랍도록 완벽하게 망친 나쁜 아버지였다. 아이는 내가 낳아 길렀지만 내 소유물이 아니다. 아이가 독립된 인격체로 자신의 삶을 튼튼하게 살아갈 수 있도록 한 발짝 뒤에서 응원하고 언제나 그를 믿어주는 부모가 좋은 부모가 아닐까? 프랑스 철학가 질 들뢰즈의 말에서 스승의 자리에 부모를 넣어 읽어도 무방할 듯하다.

"'나처럼 해봐'라고 말하는 사람이 아니라, '나와 함께 해보자' 라는 사람만이 참된 스승이 될 수 있다."

_질 들뢰즈

아무래도
싫은 사람

대처법

나와 잘 맞지는 않는데 어쩌다 보니 만남을 지속하게 되는 사람들이 있다. 필요할 때만 연락을 한다거나 감정을 너무 여과 없이 쏟아낸다거나 상처를 주는 말투 등 분명 불편하다고 느끼는 지점이 있지만, '원래 사람은 좋아서', '인연이 오래돼서', '새삼스럽게 화내긴 애매해서' 이어온 그런 관계를 우리는 어떻게 해야 할까? 이에 대해 에드바르 뭉크의 대응이 하나의 대답이 될 수 있을 것 같다.

세상에 사람은 많다, 안 맞으면 안 본다

괴팍하고 이기적인 데다 정신적인 문제까지 있었던 뭉크는 성격이나 기질이 좀 안 맞다 싶으면 상대와 절교해버렸다. 사교계의 친구든, 한때 사랑했던 여자든 거의 예외 없이 자신의 심정을 거슬리게 만들면 가위로 자르듯 관계를 툭 끊어버렸다.

"너와 절교하겠어"라고 선언하는 식은 아니지만, 그 사람이 자주 다니는 카페나 식당은 가지 않았고, 아예 다른 도시로 떠나버리거나, 편지나 엽서도 주고받지 않았다.

꽤 잘 어울려 다니다가 그렇게 관계를 청산당한 사람들이 남녀불문하고 한둘이 아니다. 처음엔 성격 참 모났다고 느껴졌는데, 가만 생각하니 참 괜찮은 인간관계 정리법이다. 뭉크도 아마 처음부터 그렇게 하지는 않았을 것이다. 하지만 인간 심리에 예리했던 그가 한번 안 맞는 사람은 앞으로도 안 맞을 가능성이 높다는 사실을 민감하게 파악했으리라 싶다.

문제는 그런 사람이 내 오랜 친구라면? 널리 알려진 말처럼, 술과 친구가 오래될수록 꼭 좋은 것만은 아니다. 오랜 시간 상대의 단점들을 참아온 만큼 아픈 곳이 곪거나 곰팡이가 슬어서 전부를 버려야 할 때가 온다.

뭉크의 처신처럼, 안 되는 인연을 붙잡고 괴로워할 필요 없다. 인생의 모퉁이를 도는 순간, 오랜 친구와 내가 맞지 않는 점이 도드라지면 서로 가야 할 길이 갈라져야 한다. 오랜 친구를 옛 친구로 떠나보내면 나와 잘 맞는 새로운 친구가 나타나서 길동무가 된다.

오래됐다고 반드시 좋지만은 않다. 그 사실이 쓸쓸하고 외롭지만 마음으로 받아들이면 가깝고 잘 맞는 친구들이 더욱 소중해진다.

인생의 순간마다 나와 맞는 사람들은 있다

뭉크는 친구를 적게 두되, 직접 만나지 못해도 마음으로 이어진 친구를 뒀다. 뭉크에게는 빈센트 반 고흐가 그랬다. 둘 다 북부 유럽 출신으로 단순한 주제를 강렬하게 표현한 화법으로 당대에 강렬한 인상을 남겼다.

동시대에 살았던 그들은 국적은 달라도 비슷한 시기에 파리에 머물렀으나 직접 만난 적은 없다. 특히 생애 후반부에 스스로를 세상으로부터 유폐시켰던 뭉크는 반 고흐에게 강한 동질감을 느꼈다. 1933년 가을, 뭉크는 노트에 이렇게 적었다.

"고흐는 그의 짧은 일생 동안 자신의 화염을 꺼뜨리지 않았다. 그는 화염과 숯을 그의 붓에 불붙였고, 예술을 위해서 자기 자신을 불살랐다. 나는 경제적으로 좀 더 여유가 있고 그보다 좀 더 오래 살고 있지만, 고흐처럼 생각하고 열망한다.

에드바르 뭉크
〈별이 빛나는 밤〉
1893

내가 세상을 떠날 때까지 내 불꽃들이 소멸하지 않고
불타는 붓으로 그림을 그리기를."◆

마음 맞는 친구는 재미있고, 의견이 다른 친구는 세상을 넓고
다르게 보게 되니 유익하다. 친구는 나와 달라도 좋고 나와 같으
면 더 좋다. 죽이 잘 맞는 친구와 더 친하게 지내는 것이 최선이
다. 마네는 자기보다 어린 모네를 "물을 그리는 라파엘로"라며 극
찬했고 모네가 가난에 허덕일 때 자기 친구와 함께 모네의 그림을
샀다. 물론 모네가 자존심 상할까 봐 익명의 구매자를 내세워서
말이다.

나와 세계관이 달라서 사회와 정치에 관한 의견이 충돌하는 친
구는 곁에 두더라도, 의견이 다르다고 나를 무시하거나 폄하한다
면 연락을 끊는 게 좋다. 그 사람 아니어도 세상에 나를 공격할 일
들은 많다.

인생은 짧고 상처는 길다. 안 맞으면 헤어지고, 친한 친구와 더
자주 만나서 인생을 즐기자. 소중한 사람과의 시간을 더 극진히
보낼 수 있도록 나를 힘들게 하는 사람은 과감하게 내려놓자.

◆ 유성혜,《뭉크》, 아르테, 2019, p.305

빈센트 반 고흐
〈론강의 별밤〉
1888

"사실 내게 진정한 친구는 너밖에 없단
다. 영혼이 가라앉을 때면 난 늘 널 생각
해. 지금 네가 옆에 있어 함께 이야기를
나눌 수 있다면 얼마나 좋을까."

_빈센트 반 고흐

작은
호의가

큰 힘이
된다

〈풀밭 위의 점심〉과 〈올랭피아〉로 세상을 깜짝 놀래키며 서양 미술사의 근대를 열어젖힌 화가 에두아르 마네는 세상을 자기 눈에 보이는 대로 그리겠다며 역사와 신화를 이상적으로 표현하던 주류 미술계를 죽은 그림으로 몰아붙였다.

혁신을 추구하는 자는 극렬한 반발에 직면하기 마련이다. 당시에 마네에게 쏟아진 압도적인 양의 비난이 극소수의 찬사를 묻어버렸다.

"나는 그 사람들을 알아. 그들은 줏대 없는 사람들이야. 나는 그런 사람들의 말을 믿지 않아. 그래도 진실된 전문가는 있을 거야."

이렇게 화가로서는 혁신가였지만, 인간적으로는 참으로 따스한 사람이었다. 당시 대부분의 화가들이 낮은 신분의 가난한 집안 출신이 많았는데, 그는 아버지가 법무부 장관이고 어머니는 귀족 집안으로 파리의 상류층 부르주아 출신이었다. 항상 옷차림에 많은 신경을 썼고 매너가 좋았던 댄디로 가난한 이들에 대해 따뜻한 인간미를 간직한 사람이었다.

이런 면모를 잘 보여주는 작은 에피소드가 전해진다.

"자네도 3프랑을 내놓게"

노년의 마네가 몸이 아파서 프랑스 시골에서 요양했을 때였다. 꽃 파는 시골 소녀를 우연히 만났다. 소녀의 아버지는 겨울에만 배에서 석탄 내리는 일을 하며 가끔 밤에 나가서 토끼를 잡았고, 어머니는 당시 가난한 집안의 여자들이 흔히 그랬듯 세탁부로 일했다. 그러니 몹시 가난한 처지의 그 소녀도 온종일 사람들에게 꽃을 팔고 있었던 것이다.

소녀의 궁핍한 이야기를 들은 후 측은한 마음이 든 마네가 소녀에게 사는 것이 힘들겠다고 하니 소녀가 답하길,

소녀 : 아니에요, 저도 꽃을 팔아서 집에 2프랑을 가져
　　　 가는 날도 많다구요.
마네 : 그래? 여기, 3프랑이다. (옆에 있던 친구에게)프
　　　 루스트, 자네도 3프랑을 내놓게!

6프랑을 쥔 소녀는 콧노래를 부르며 떠났다. 하루가 다르게 몸
이 약해져가던 나날 속에서 마네는 이때를 특별한 기쁨으로 기억
한다.

**"그 소녀를 보는 순간, 나는 모든 고통을 잊을 수 있었
네. 세상은 그런 것이 아니겠나."◆**

마네가 가난하고 고생하는 이들에게 느낀 연민은 맹자의 측은
지심과 같다. 내가 가난을 없앨 수는 없으나, 내 눈에 보이는 가난
한 사람을 도울 수는 있다. 너무 큰 계획을 세운 후 그걸 감당하지
못해 포기하지 말고, 큰 뜻에 부합하는 할 수 있는 작은 일이라도
하는 것이 중요하다.

작은 도움은 아무리 작아도 받는 이에겐 크다. 마네의 호의가

◆ 에두아르 마네 외, 《뒤늦게 핀 꽃》, 강주헌 옮김, 창해, 2000, p.137

상대방에겐 그날의 즐거움이자, 내일의 힘이 될 수도 있기 때문이다. 상대가 즐거움을 느끼는 모습에 내가 즐거워지니, 상대를 향한 도움은 결국 나를 위한 일이기도 하다.

에두아르 마네
〈꽃〉
1882

좋았던
관계에서

오해가
생길 때

선생은 많은데 스승은 없고 학생은 많은데 제자를 찾기 어렵다는 말을 많이 한다. 서로 간에 존중을 바칠 만한 존재가 없다는 뜻이니, 둘 다의 잘못인지 시대의 변화인지 알기 어렵다. 그래서인지 프랑스 문학계에서 가장 아름다운 사제지간으로 일컬어지는 장 그르니에(Jean Grenier)와 알베르 카뮈(Albert Camus)의 관계가 더욱 특별하게 느껴진다.

알제리의 수도 알제의 그랑리세(중고등학교)에서 철학을 가르치던 32세 그르니에의 반에, 가난한 가정에서 태어나 결핵을 앓던 17세의 카뮈가 있었다. 소르본 대학에서 철학 대학교수 자격을 취득 후 여러 지역에서 교사로 일했고, 유명 출판사에서 일하

며 파리의 문인들과 교류한 경력을 갖고 있었던 그르니에는 카뮈
의 재능과 잠재력을 알아보고 물심양면 지원한다.

작가를 꿈꾸던 카뮈에게는 선배 작가이기도 했던 그르니에가
조언을 구할 최적의 상대였다. 그때부터 두 사람은 카뮈의 결핵
발병과 휴양, 복학과 취직, 소설과 에세이 발표, 카뮈의 급작스런
교통사고로 인한 죽음 직전까지 235통의 편지를 주고받으며 사
제지간을 넘어 친구와 동지로서 우정을 만들어나갔다.

> "선생님께 쓸모 있는 존재도 되지 못하고 아무런 도움
> 도 드리지 못한 채, 선생님이 느껴주셨으면 싶은 우정
> 을 오직 열띤 말로밖에 표현하지 못하는 것을 늘 죄송
> 스럽게 여기고 있습니다. (⋯) 저의 이 보잘것없는 에
> 세이집을 선생님께 헌정하고자 하는데 허락해주시겠
> 습니까? 언제나 선생님의 제자인, A. 카뮈" ◆

평생 동안 그르니에는 카뮈를 하대하거나 일방적으로 가르치
려 들지 않았지만, 해야 할 말은 진솔하게 건넸다. 어떤 편지는 깍
듯하게 예의를 지키고 있으나 상당한 긴장감이 느껴지기도 한다.

특히 카뮈의 습작 원고에 대한 그르니에의 비평에 답장을 보내

◆ 알베르 카뮈, 장 그르니에,《카뮈-그르니에 서한집》, 김화영 옮김, 책세상, 2012, p.31-44

면서 카뮈는 자신의 심정을 허심탄회하게 전한다. 작품에 대한 날카로운 비판을 읽으면 처음 몇 시간 동안은 반발심이 생기지만, 그에 관해 깊이 생각하면 수긍하게 된다며 진심으로 스승의 지적에 감사의 마음을 표한다.

선생과 학생으로 만난 두 사람이었으나 서로를 동등한 작가로 대하며 우정을 쌓아갔다. 이렇게 돈독한 사이라도 오해는 생기기 마련이다. 오해를 어떻게 해결하는가에 따라 우정이 깨질 수도 있지만, 더 없이 단단해지기도 한다. 과연 둘은 어떤 경우였을까?

《이방인》은 대단한 성공이나, 마음에 좀 걸린다

"오늘 엄마가 죽었다. 아니 어쩌면 어제일지도 모르겠다. 양로원으로부터 전보 한 통을 받았다. "모친 사망. 명일 장례. 삼가 경의." 이것으로는 알려 주는 게 아무것도 없다. 아마도 어제였을 것이다."◆로 시작하는 《이방인》의 줄거리는 단순하다.

무기력하고 권태로운 삶을 살던 주인공 뫼르소는 친어머니의 장례식을 치르고, 다음 날 여자와 물놀이를 즐기고 집에서 사랑을 나눈다. 여름의 따가운 햇빛이 내리쬐는 해변가를 걷다가 햇빛

◆ 알베르 카뮈, 《이방인》, 김진하 옮김, 을유문화사, 2020, p.9

이 눈에 부시다는 이유로 아랍인을 총으로 쏴서 죽인 죄로 사형선
고를 받는다. 막상 죽음이 눈앞의 현실이 되니 불안하기도 하지만
뫼르소는 죽음을 슬퍼하지 않으며, 군중들이 야유와 증오의 야유
를 지르길 원한다.

　카뮈는 부조리와 허무로 점철된 충격적인 성격의 뫼르소와 이
야기를 창조해냈고, 늘 그랬듯이 그르니에에게 원고를 보냈다.

"당신의 원고를 읽었소. 《이방인》은 대단한 성공이요
— 카프카의 영향이 내 마음에 좀 걸리긴 하지만 특히
제 2부가 좋소. 감옥 장면의 페이지들은 결코 잊을 수
없소. 1부는 흥미롭지만 (…) 통일성 부족, 너무 짧은
문장들, 시작 부분에서 가령 "기분이 좋았다 ……" 같
은 식의 상투적 방식으로 흐르는 스타일로 인하여 주
의력이 흩어지는 느낌이요. 그러나 대개 인상은 강렬
하오."◆

《이방인》에 대한 그르니에의 최초의 평가는 솔직하되 날카롭
고, 다정하되 신랄하다. 비평의 근거도 꼼꼼히 적어두어서 자신의
의견이 단순히 인상이나 기분에 의지하지 않음을 일러준다.

◆　알베르 카뮈, 장 그르니에, 《카뮈-그르니에 서한집》, 김화영 옮김, 책세상, 2012, p.79

이 편지를 받고 카뮈는 자신의 작품이 문제투성이라고 느꼈던 것 같다. 글은 글쓴이의 의도와 어긋나 읽히기도 한다. 글 쓰는 일이 직업인 작가들에게도 그러했다.

"편지를 받고 난처했습니다. 당신이 보내온 두 편의 원고가 대단히 훌륭했다고 편지를 써 보낸 줄 알았는데 — 그 반대로 받아들였다니! 그렇다면 내가 제대로 표현을 못한 것이지요. 《이방인》은 탁월한 작품입니다. 그 작품은 깊고 개성적인 무엇인가를 표현하고 있어요 (…) 그러니 갈리마르(*유명 출판업자)에게 편지를 쓰고 — 원고를 보내도록 하시오. 이 편지가 한갓 오해에 불과했던 것을 씻어주길 바라오. 당신의 친구, 장 그르니에"◆

스승의 지적에 따라 카뮈는 원고의 많은 부분을 수정해서 출판에 이르게 됐고, 책은 2차 대전 당시 독일 치하에서 발간되어 단숨에 문학계와 독자들을 사로잡았다. 지금 읽어도 굉장히 낯선 이 소설에 전쟁으로 고통받던 당시 사람들은 마음을 내어주었다.

20세기 실존주의 문학의 대표작이자, 카뮈의 세계관이 가장

◆ 같은 책, p.84-86

잘 드러난 작품으로 꼽히는《이방인》으로 카뮈는 1957년에 노벨 문학상(최연소 수상)을 받았다.

만약 카뮈가 그르니에의 의견을 오해하고는 수용하지 않았더라면, 만약 그르니에가 카뮈의 오해를 적극적으로 풀어주려고 노력하지 않았더라면 어땠을까?

오해를 푸는 노력이 나를 사랑하는 일이다

오해는 최대한 빨리 풀어야 한다. 오해를 푸는 노력을 먼저 한다고 약자가 아니다. 나도 나를 오해하는데, 누구든 내 말과 행동을 잘못 해석할 수 있다. 오해가 생기고 해소되지 않은 채로 묵혀지면 상대의 말과 행동을 또다시 오해한 방향으로 해석하게 되고 그렇게 쌓인 마음들은 관계를 상하게 한다. 뜨거웠던 관계일수록 오해로 더 빨리 차가워진다. 상대에 대한 섭섭함과 배신감이 크기 때문이다.

오해는 상대의 몰랐던 부분을 내가 알게 되고 나의 몰랐던 부분을 상대가 알게 되는 기회이니, 나쁜 것만은 아니다. 내게 소중한 사람이라면, 그에게 내가 소중하다면, 오해를 해소하여 서로를 더 깊이 이해하는 기회로 삼자.

한때 소중했던 사람이 작은 오해로 못 보게 되는 것만큼 슬픈 일도 없다. 우연히 마주치면 눈을 피하는게 아니라 반갑게 가던 길 멈추고 커피 한 잔, 고기 한 판 먹을 수 있는 사람들이 많다면 얼마나 즐거울까. 오해로 사랑하는 사람, 친구, 가족과 서먹서먹한 시간을 보내고 있다면 오해의 원인을 자신의 부족한 표현 탓으로 돌리며 제자에게 진솔하게 사과하고 자신의 진의를 설명하는 그르니에처럼 한번 용기 내어 먼저 연락해보면 어떨까?

"모든 우정은 행동으로 실천되고 어려움을 극복하는 인고(忍苦)에서 시작된다."

_익냐스 렙《우정의 심리학》의 작가)

슈베르트를
살린 건

스펙이
아니었다

서양 고전음악에 관심이 없더라도 어느 계절이 되면 유난히 자
주 듣게 되는 곡들이 있다. 라디오나 방송에서 계절의 제목을 딴
비발디와 차이코프스키의 〈사계〉나 베토벤의 바이올린 소나타
〈봄〉 같은 곡을 주로 틀기 때문이다. 이런 이유로 겨울만 되면
프란츠 슈베르트(Franz Schubert)의 〈겨울 나그네〉를 쉽게 들을 수
있다.

　슈베르트는 슈만과 더불어 독일 낭만주의 음악을 대표하
는 작곡가로 역사에서 확고한 자리를 차지하고 대중적인 인기
도 좋지만, 생전에는 형편이 아주 좋지 않았다. 이름을 본격적으
로 알릴 무렵 31세의 나이에 병으로 급작스레 죽었기 때문이다
(1797~1828). 짧은 생을 살면서도 〈겨울 나그네〉, 〈마왕〉, 〈백조의

율리우스 슈미트

⟨요제프 폰 슈파운의 집에서의 슈베르트 저녁 모임(혹은 슈베르티아데)⟩

1897

–

42명의 슈베르티아데 친구들 사이에서 슈베르트가 피아노를 치다가 그의 오른쪽(그림의 왼쪽 앞)에서 손짓하며 노래 부르는 포글과 눈을 맞추고 있다. 집주인 슈파운은 슈베르트의 왼쪽에서 몸을 젖혀 벽에 붙은 그림을 보는데, 샹들리에에 가려진 초상화의 주인공이 슈베르트가 짝사랑했던 카롤리네다. 슈베르트가 마지막 눈을 감으면서 이 그림과 비슷한 장면을 떠올리지 않았을까?

노래〉 같은 불멸의 가곡을 비롯하여 총 900편이 넘는 곡을 쓸 수 있었던 힘은 어디에서 왔을까? 그 이유로 슈베르트를 물심양면으로 지지해준 친구들을 빼놓을 수 없다.

작곡으로 먹고살겠다는 무모함

슈베르트는 오로지 작곡 수입만으로 생계를 유지한 최초의 작곡가였다. 19세기 초중반 작곡가들의 수입이라곤 여전히 모차르트처럼 연주법을 가르치는 선생이자 왕과 귀족들이 여는 연주회나 행사에 초대받는 연주자로서 얻는 돈이 대부분이었다. 베토벤도 작곡가로 이름을 널리 알리기 전까지는 그렇게 돈을 벌어야 했다. 아주 운이 좋아 귀족 후원자가 연금을 제공하면 잡일을 하지 않고 작곡에 전념할 수 있었다.

작곡가들의 처지가 이러한 것은 음악가를 재정적으로 후원하거나, 그들에게 곡을 청탁하거나, 연주회에 돈을 지불하고 음악을 들으러 오거나, 그들의 작품 악보를 사는 사람들이 아주 적었기 때문이다. 산업혁명으로 중산층들이 대거 등장한 영국 런던에서는 전업 작곡가가 가능했지만, 왕정이 견고했던 비엔나에서는 독립 음악가는 여전히 불가능한 꿈이었다.

이런 시기에 슈베르트는 피아노와 바이올린 연주를 잘하지 못했으니 연주자나 선생이 되긴 어려웠다. 그래서 전업 작곡가의 꿈을 품고서 생계를 위해 어쩔 수 없이 아버지의 직업을 따라 교사 자격증을 취득하고 교단에 서야만 했었다. 그 시기를 제외하고는 슈베르트가 작곡 외의 일을 본격적인 직업으로 삼은 적은 없다.

"이날 처음으로 돈을 받고 작곡했다"라고 일기를 쓴 날은 1816년 6월 17일로 열아홉 살이었다. 당시로선 꽤 거금인 100굴덴을 받고 지금은 소실된 〈프로메테우스〉 칸타타를 작곡했다. 17세에 처음으로 자신의 곡으로 음악회에서 성공했고 19세에 작곡 보수를 받았다. 10대 후반의 나이에 작곡가로서 성공을 확신했더라도 현실은 녹록치 않았다. "국가가 나를 먹여 살려야 한다 (…) 나는 오로지 작곡을 위해 태어났다"는 말을 슈베르트가 직접 했는지는 불명확하지만, 저 말에 담긴 생계에 대한 불안과 두려움은 사실일 것이다.◆

작곡에 전념하고자 교사직을 포기했을 때, 부모와 주변의 반대는 당연했다. 작곡으로 돈을 잘 벌 때도 있었지만 슈베르트의 주머니는 항상 아슬아슬한 상태였다. 몸의 허기는 견딜 만했으나 음악에 대한 배움의 허기는 아무리 채워도 부족했다.

◆ 한스-요아힘 힌리히센,《프란츠 슈베르트》, 홍은정 옮김, 프란츠, 2019, p.27-28 참조

예술에 대한 열정이 들끓는 청춘은 동족을 알아채는 법이다. 각기 다른 분야에 속하면서도 공통의 관심사를 가진 젊은이들이 슈베르트를 둘러싸고 자주 어울리게 되었다. 이런 소모임은 일종의 예술 살롱으로, 문학이나 철학에 관련된 치열한 토론과 문학 작품 낭송이 이어지고 슈베르트를 주축으로 가곡, 피아노 솔로, 실내악, 교향곡까지 다양한 장르의 음악이 연주되었다. 이 소규모 예술 모임이 발전하여 1821년 1월 26일에 공식적으로 처음 열린 '슈베르티아데(Schubertiade, 슈베르트 모임)'가 되었다.

"슈베르트를 통해서 우리는 모두 친구가 되었다"

이름에서 알 수 있듯이, '슈베르티아데'는 학창시절 친구 슈파운부터 가장 친밀하게 지낸 쇼버(첫 모임의 장소가 쇼버의 집이었다), 쇼버의 소개로 만난 유명 오페라 가수 포글, 〈슈베르티아데〉를 비롯해 슈베르트 초상화와 많은 스케치를 남긴 화가 슈빈트까지, 슈베르트와 그의 음악을 아끼는 문화예술 애호가 친구들이 주축이 되었다.

　여기에 비엔나의 유력 시민들이 참여하여 슈베르트를 비롯한 예술가들의 든든한 인맥이 되어주었다. 돈으로도 살 수 없는 강력한 인적 네트워크를 통해 많은 소개와 주문이 차츰 이어졌고, '슈

구스타프 클림트

〈피아노에 앉은 슈베르트 II〉

1899

–

우정의 공동체는 포근하게 빛난다.

베르티아데'는 19세기를 대표하는 문화 살롱이 되었다.

1820년 가을, 과거에 사랑했던 여인 테레제가 제빵사와 결혼해서 상심이 컸던 슈베르트는 '슈베르티아데'에서 외로움과 쓸쓸함을 녹이는 동시에 비엔나의 음악 애호가들에게 알음알음 알려지게 되었다. 그 결과 첫 출판 작품인 〈마왕〉(op.1, 작품번호 1번)과 작품번호 2번이 붙은 〈물레질하는 그레트헨〉을 비롯해 한 해 동안 9번까지가 연이어 출판되었다.

슈베르트의 악보가 인기를 끌자, 그의 음악들이 공식 연주회장의 프로그램으로 등장하기 시작했다. 특히 당시 유명 가수였던 포글이 슈베르트의 가곡을 즐겨 부르면서 대중적으로 널리 알려졌다. 악보 출판의 수익과 그로 인해 청탁받은 작품도 생기면서 경제적인 여유가 생겼다. 이렇듯 슈베르트가 최초의 전업 작곡가로 자리 잡는 데 '슈베르티아데'를 중심으로 결속된 우정이 큰 힘을 발휘했다.

우리도 우정의 공동체를 만들어야 하는 이유

'슈베르티아데'가 단지 슈베르트의 경제적 곤란함을 돕기 위해 돈을 모금하는 행사였다면 슈베르트의 주머니는 일시적으로 풍성했겠지만 마음의 가난은 피할 수 없었을 것이다. 청춘의 슈베르트에게는 돈으로 살 수 없는 우정의 온기를 체감할 수 있는 귀한 시간이 '슈베르티아데'였다. 게다가 친구들은 슈베르트의 신작을 가장 먼저 듣고 찬사를 바쳤고, 슈베르트는 그들에게서 그리스로마 고전과 괴테, 하이네 등 동시대 문학작품을 접하며 영감과 자극을 받았다.

이렇듯 '슈베르티아데'라는 우정의 공동체에서 피어난 꽃이 슈베르트의 음악이니, 그의 음악으로 슬픔을 위로받고 외로움을 위무받는 후대의 우리는 '슈베르티아데' 친구들에게 고마워해야 한다. 슈베르트가 죽고 60년 후, 프랑스에서 빈센트 반 고흐가 폴 고갱이나 에밀 베르나르 같은 동료 화가들과 만들고 싶어 했던 화가의 공동체도 '슈베르티아데' 같은 우정의 공동체였다. 슈베르트의 친구들 같은 이들이 반 고흐에게도 있었더라면, 그의 삶은 완전히 달라지지 않았을까?

지금의 우리도 전업 작곡가로 살았던 슈베르트처럼 하나의 직업만으로 먹고살 수 있기를 바란다. 하지만 미래학자나 경제학자들은 백세 시대에 맞추어 은퇴 후에 생활비를 벌 수 있는 두 번째 직업을 준비하라고들 재촉한다. 하나도 제대로 하기 어려운데 여러 일을 능숙하게 해내야만 인정받는 사회일 수밖에 없는 것일까? 어쩌면 이것은 잘못 던진 질문에 대한 답 아닐까?

미래의 불안을 물리치기 위해서 여러 스펙을 쌓기보다는 '슈베르티아데'처럼 서로를 각별한 애정으로 대하며 서로의 발전을 지지하고 도와주는 따뜻한 우정의 공동체를 구축한다면 어떨까? 나를 아끼는 친구들과 함께 나이 들어간다면 먹고사는 일의 어려움 역시 우애와 협동으로 덜어질 것이다.

미래의 불안을 누그러뜨리기 위해서 나 혼자 갈고닦는 것만이 길은 아니다. 쇼버의 시에 슈베르트가 곡을 붙인 〈음악에게〉의 가사에서 '예술'을 '친구'로 바꿔 기억해봤으면 한다.

> "너 마음씨 고운 예술아, 얼마나 많은 잿빛 시간들,
> 황량한 삶의 쳇바퀴가 날 아주 휘감던 그때,
> 따스한 사랑 되도록 바로 네가 내 맘 불을 밝혀주어,
> 더 나은 세상 황홀경으로 날 보내주었구나!"◆
>
> _프란츠 슈베르트

◆ 나성인,《슈베르트 세 개의 연가곡》, 한길사, 2019, p.101

나의
왼손은

당신의
것

〈볼레로〉로 유명한 프랑스 작곡가 모리스 라벨(Maurice Ravel)은 피아노 협주곡을 두 곡 썼는데, 그중 한 곡이 〈왼손을 위한 피아노 협주곡〉이다.

제목에 따르면 피아니스트가 왼손만으로 혹은 왼손의 기교를 위해 연주하는 곡으로, 협주곡은 통상 3~5악장으로 구성되는데 이 곡은 18분 내외로 하나의 악장이 연주된다. 라벨은 왜 이런 곡을 썼을까? 사연은 이러하다.

1차 세계대전에 참전하여 오른팔을 잃은 오스트리아 명문가 출신의 피아니스트 파울 비트겐슈타인은 당시 유명 작곡가들에게 왼손만으로 연주할 수 있는 피아노 협주곡을 만들어달라고 의뢰했다. 자신도 전쟁에 참전했었던 라벨은 이 까다로운 제안을 수락하여 재즈의 즉흥 연주처럼 화성이 풍부한 자신의 색깔이 녹아든 곡을 완성했다. 처음 악보를 본 비트겐슈타인은 곡이 썩 훌륭하지도 않은 듯한 데다 왼손으로만 연주하기에 무척 어렵다고 생각했었다. 그런 부분을 수정해주길 바랐으나, 라벨은 거절했다.

그대로 됐다면 역사에 묻혔을 수도 있는데, 비트겐슈타인은 이 곡을 공부하고 연습하면서 비로소 곡의 진가를 알게 됐고, 파리에서 자신의 연주로 세상에 선보였다. 지금은 다른 작곡가들이 만든 왼손을 위한 피아노 협주곡은 잘 연주되지 않지만, 라벨의 이 곡은 양손을 모두 쓸 수 있는 피아니스트들도 자주 연주할 정도로 사랑받고 있다.

아마 비트켄슈타인이 보았을 전쟁의 참상과 매 순간 겪었을 전쟁의 고통을 라벨도 경험으로 알고 있기에, 음악으로 오른팔을 잃은 슬픔을 위로하고 싶었을 것이다. 전우애와 음악가로서 동료애가 이 곡을 타고 흘렀고, 비트겐슈타인뿐만 아니라 음악을 듣는 모든 이들에게까지 전달된 것 아닐까?

백건우의 왼손은 아내를 위한 것

나는 라벨 스페셜리스트(specialist, 그 연주로 정평이 난 사람)인 백건우의 음반으로 이 곡을 처음 들었다. 라벨이 작곡한 두 곡의 피아노 협주곡이 한 장의 CD에 들어 있었는데, 왼손을 위한 협주곡을 들으려던 건 아니었다. 우연히 알게 된 이 곡의 제목이 독특하다 생각했고, 설마 왼손만으로 연주하겠나 싶었다.

음악을 듣고 묘한 매력이 있어서 영상을 찾아보니, 어느 러시아 연주자가 정말 왼손으로만 연주했다. 라벨과 비트겐슈타인의 이야기를 접한 뒤, 라벨이 이 곡을 통해 무슨 말을 하고 싶었는지 짐작하려고 백건우의 연주를 다시 들었다. 라벨의 머리와 가슴속을 상상하는데 문득 내가 파리 유학시절 우연히 본 한 장면이 떠올랐다.

파리 중심가에 백건우는 부인인 배우 윤정희와 현대식 한복을 입고 길을 걷다가 멈춰 서 있었다. 백건우는 왼손으로 아내의 오른손을 잡고 횡단보도에서 차가 오는지 살피고 있었다. 차가 오지 않자, 부부는 손을 잡고 길을 건너 저쪽 편 길로 천천히 걸어갔다.

별것 아닌 장면인데, 2019년 윤정희가 10여 년 전부터 알츠하이머를 앓고 있다고 백건우가 직접 전한 뉴스가 겹쳐지면서 그 장면이 괜히 각별해졌다. 당시는 발병이 되기 직전이거나 직후였을 무렵이기 때문이다. 거기에 라벨의 〈왼손을 위한 피아노 협주곡〉까지 더해지니, 백건우의 오른손은 세상을 살피는 손, 왼손은 윤정희를 위한 손으로 느껴졌다. 정신이 맑을 때는 기억이 온전하나 그렇지 않을 때는 딸도 알아보지 못하는 윤정희는 오른손을 내어 백건우의 왼손을 잡고 그를 지팡이 삼아 세상을 살아가고 있다.

사랑

백건우가 왼손으로 연주하는 라벨의 피아노 협주곡은 다른 연주자들의 평균보다 2분 정도 길다. 빠름과 느림으로 만드는 음악의 템포에서, 그는 템포를 더욱 생기 있게 만들기 위해 1악장 렌토(Lento)는 더욱 느리고 3악장 알레그로(Allegro)는 더욱 빠르게 연주한 듯하다. 이런 음악적인 이유 외에 그들의 사연으로 조금 다른 생각도 들었다.

이 음반에 담긴 연주를 했을 당시는 1981년 11월 초라 그들이 결혼식을 올린 지 5년 후쯤이니, 행복으로 하루가 한 시간처럼 느껴질 때였다. 행복한 사람들은 함께 있으면 시간이 빠르게, 떨어져 있으면 느리게 흐른다. 이 곡을 녹음하러 백건우 홀로 독일 슈투트가르트에 왔다면 그들의 시간은 무척 느리게 흘렀을 것이다. 함께 왔더라도 어서 녹음을 마치고 둘이 손잡고 이 도시를 탐험하고 싶었을 테니, 역시 느리게 흐르지 않았을까? 그런 마음을 백건우는 2분 정도 이 곡을 더욱 느리게 연주함으로써 기록해두려고 했으려나?

혼자 하는 상상이니 답은 정처 없다. 여기에 더해 나의 바람도 생겨났다. 그들은 1976년에 결혼했으니 2020년이면 곧 45주년인데, 그동안 그들의 행복의 시간이 빠르게 지나갔을 테니, 윤정희가 아픈 이후로 고통의 시간은 빨리, 행복의 시간은 느리게 흘러가길 빈다. 2019년 어느 방송 프로그램에서 백건우와 윤정희를 인터뷰하며 마지막 질문으로 남은 생을 어떻게 살고 싶냐고 물었다.

"서로 존경하면서 사랑을 나누면서 (…) 아름답게 살고 싶어요."

윤정희의 답이었다. 약간 어눌한 말투였으나 미소 짓는 그는 여전히 아름다웠고, 그런 그를 바라보는 백건우도 아름다웠다. 부부가 이름이 함께 적힌 명함을 사용하는 그들은 지금까지 서로가 서로의 지팡이였고, 앞으로도 백건우와 윤정희, 윤정희와 백건우는 하나로 단단히 묶여 있는 이름으로 기억될 것이다.

모든 불가능한 것들을 가능하게 만드는 것이 사랑이다. 그들의 강건한 사랑으로 건강한 일상을 되찾길, 그리고 매일을 아름다운 기억으로 채워나가길 바란다.

백건우
〈가브리엘 포레〉 음반
2001
–
윤정희가 찍은 사진이다.

thinking

/

나만의 생각을
소중히 할 때
나다운
삶이 된다

샤넬의 힘,

나는 취향을
타협하지 않는다

여성이라면 누구나 하나쯤 갖고 싶어 한다는 프랑스 패션 브랜드 샤넬은 핸드백, 원피스, 향수, 귀걸이, 시계 등 다양한 제품을 선보이고 있다. 특히 샤넬(CHANEL)의 'C'가 교차된 로고가 금색으로 빛나는 핸드백의 인기가 높다. 언제 어디서나 세련된 고급스러운 분위기를 내는 최고의 아이템이란 상찬과 날로 비싸지는 값에 사치스럽다는 비판이 공존한다. 할머니가 사서 손녀에게 물려준다는 핸드백만큼, 전 세계에 걸쳐 수많은 여성들이 꼭 사고 싶어하는 것이 또 있다. 바로 현대적인 향수의 원조인 '샤넬 N°5'다.

고아원 출신으로 향수의 역사를 바꾸다

프랑스 중부 지방 출신의 가브리엘 "코코" 샤넬(Gabrielle "Coco" Chanel)은 장돌뱅이 아버지와 병약한 어머니 사이에 태어났는데, 폐결핵으로 어머니가 죽자 아버지는 첫째 가브리엘을 비롯한 세 자매를 고아원에 맡겨버렸다.

열한 살에 버려진 가브리엘은 그 후로 두 번 다시 아버지를 만난 적 없다. 10대 시절에 가톨릭 기숙학교에서 수녀들로부터 바느질 등을 배웠고, 양복점과 여성 속옷 가게에서 일했다. 먹고살기 위해 밤이면 캬바레에서 노래했는데, 그가 즐겨 부른 노래는 잃어버린 개를 주제로 한 민요 〈코코리코(꼬끼오)〉와 〈키쿠아뷔코코(누가 코코를 보았느냐?)〉였다.

깡마른 그가 무대에서 노래하면, 군인을 비롯한 손님들이 "코코!"를 외쳤고 그것이 애칭이 되었다. 파리로 온 코코 샤넬은 부유한 남자들과 어울렸는데 그 가운데 영국인 폴로 선수이자 사업가 아서 카펠과 사랑에 빠졌다. 신분 차이로 미래를 약속하는 사이는 아니고, 당시 흔했던 애인(정부)이었다. 남자들의 돈에 기대어 하릴없이 치장하고 노는 대신, 샤넬은 경제적으로 자립하고 싶었다. 아서에게 후원을 받아 파리의 중심지 방돔 광장 근처의 캉봉가 21번지에 모자가게를 열었다.

당시 유행하던 화려하고 장식 많은 모자들과 달리, 비교적 단순하고 착용하기 편한 샤넬의 모자는 인기를 끌었다. 사업수완이 좋았던 아서는 프랑스의 대표적인 고급 휴양지로 부상한 노르망디 바닷가에 위치한 도빌에 모자와 옷을 판매하는 매장을 열라고 샤넬에게 조언한다. 1차 대전으로 인해 군인과 부자들이 도빌로 모여들면서, 당시 여성복에는 사용하지 않던 하늘거리는 저지 소재로 만든 샤넬의 옷들은 쉴 새 없이 팔려나갔다.

이에 또 다른 바닷가 휴양지인 비아리츠에도 매장을 열었고, 파리 매장을 같은 거리의 31번지로 옮겼다. 지금도 샤넬 파리 본점은 그 자리를 지키고 있다. 샤넬 제품에 적힌 '캉봉가 31번지(31, Rue Cambon)'는 그 뜻이다.

이렇게 패션 사업가로서 성공한 샤넬은 아서에게 진 빚을 모두 갚았고, 다른 여자와 결혼한 아서와는 좋은 친구로 남았다. 얼마 후에는 러시아에서 프랑스로 망명한 귀족 로마노프 대공과 연인이 되었는데, 그에게 러시아 황제의 공식 조향사였던 에르네스트 보를 소개받았다. 그리고 모자와 옷에 이어 코코 샤넬은 향수를 만들기로 결심한다.

그가 조향사 에르네스트에게 내건 조건들이 있었다. 지금까지의 그 어떤 향수와도 다르게, 자신의 스타일로 조향부터 병까지 모두 바꾸고자 했다.

"나는 향수에만 모든 걸 다 넣고, 병에는 아무것도 넣지 않았으면 좋겠어요."◆

이 말은 향수의 모든 것을 바꾸겠다는 뜻이다. 당시 향수는 장미와 오렌지 꽃 등의 단일 천연향으로 만들었고, 향수병은 조각 작품처럼 화려한 장식의 고급스러운 병에 넣어서 팔았는데, 샤넬은 그렇게 하지 않겠다는 선언이었다.

여성의 향기를 연상시키는 꽃의 정수를 만들어달라는 샤넬의 요구에 에르네스트는 스물네 가지 종류의 천연 성분에, 재스민 향료와 다량의 알데히드(자극성이 강한 냄새가 나지만 휘발성이어서 돈이 많이 드는 합성물)를 혼합한 향의 샘플들을 제시했다.

전문지식은 부족해도 자신이 원하는 것이 분명하고, 그것이 제대로 만들어졌는지 알아보는 능력이 탁월했던 샤넬은 그 가운데 하나를 골라 몇 달 후에 판매하기로 했다. 천연이 아닌 인공적인 방식으로 만들어낸 신비로운 향에 어울리게 향수병도 평행 육면체의 단순한 유리병에 넣기로 했다. 그것은 전적으로 장식을 싫어하는 샤넬의 취향으로, 당시의 향수병과 달리 지나치게 평범한 모양이었다.

◆ 데이나 토마스, 《럭셔리》, 이순주 옮김, 문학수첩, 2008, p.181

이런 과감한 선택으로 사람들의 시선은 독특한 향수병을 거쳐 곧바로 그에 담긴 금색으로 반짝이는 액체에 쏠리게 됐다. 기존 향수제품이 향보다 병에 집중한 판매를 했다면, 샤넬은 병에 담긴 향수를 부각시킨 것이다. 이로 인해 향을 맡기 전부터 낯설고 신비로운 분위기로 기대감이 더해지리라 예상했다.

샤넬의 예상대로, 그의 향수병은 너무 단순하다는 비난을 받기도 했지만 지금은 '향수병의 롤스로이스(고급 자동차의 대명사)'가 되었다. 여기에 '봄의 욕망', '4월의 미소', '저녁의 도취' 같은 시적인 이름을 제품명으로 쓰던 관례를 깨고, 샤넬은 이미 유명한 자신의 이름을 검정색 대문자로 써서 붙이기로 했다.

파격에 파격을 거듭하는 샤넬의 결정에 당황한 에르네스트가 그것만은 절대로 안 된다고 반대했다.

"그래야 다른 향수들과 확실히 구별되죠."◆

샤넬은 추상적인 기존 향수 이름들을 버리고 자신의 이름에 행운의 숫자로 믿은 번호 '5'를 붙였다. 그 결과물이 바로 '샤넬 N°5'다.

◆ 앙리 지델,《코코 샤넬》, 이원희 옮김, 작가정신, 2002, p.241

1921년 5월 5일에 발표한 5번 향수

샤넬이 곧바로 이 향수를 자신의 파리 매장에서 팔았을까? 새로운 제품에는 새로운 홍보방식이 필요하다. 샤넬은 지금 들어도 놀랄 만한 뛰어난 마케팅 수법을 동원했다.

그는 프랑스 고급 휴양지인 칸에서 에르네스트를 비롯한 친구들을 최고급 레스토랑에 초대해 함께 저녁을 먹으며, 테이블 위에 '샤넬 N°5'를 올려뒀다가 멋쟁이 여성들이 지나가면 분무기를 살짝 눌렀다. 결과는? 그때마다 그들은 걸음을 멈추고 냄새를 맡으며 황홀한 표정을 지었다.

샤넬은 파리 매장에 신제품을 진열하거나 언론에 소식을 알리지 않았다. 대신 자신이 직접 뿌리고 다녔고, 캉봉가의 샤넬 매장 탈의실에 비치해두었다. "당신한테는 팔지 않고 그냥 주는 거예요"라며 상류 사회와 사교계 친구들에게 은밀히 선물했다.[◆] 매장에 온 손님들과 패션리더들 사이에 새로운 향이 서서히, 하지만 확실히 매혹적인 향으로 퍼져나가고, '샤넬 N°5' 애호가 비밀클럽이 생기고, 이 향을 구하고 싶어 하는 여자들의 욕구가 들끓어 올랐을 때, 샤넬은 에르네스트에게 '샤넬 N°5'를 생산하라고 지시했다. 그리고 오로지 파리의 캉봉 매장에서만 판매했다.

◆ 같은 책, p.238

요즘으로 치면 놀라운 입소문(바이럴마케팅) 기법과 독점 판매 방식이다. 결과는?

"'샤넬 N°5'는 상상을 초월하는 성공을 거뒀다. 복권에 당첨된 것과 같았다."◆

샤넬을 가까이에서 지켜본 경쟁자적 관계의 친구 미시아 세르의 증언이다. 그의 눈에는 갑자기 터진 복권이었으나, 처음부터 샤넬의 예상이 정확히 맞아떨어진 셈이다. 2차 대전이 끝나고 미국으로 돌아가는 병사들이 연인에게 줄 선물로 챙겨간 데 더해, 당대 최고의 섹시스타 마릴린 먼로가 미국을 넘어 전 세계적으로 '샤넬 N°5'의 인기에 결정적 역할을 했다. 오로지 '샤넬 N°5'만 걸치고 잔다는 그녀의 도발적인 말은 그 매력을 불멸의 명성으로 바꿨고, 1959년 현대미술관에는 '샤넬 N°5'가 영구 컬렉션 목록에 올랐으며, 팝아트의 거장 앤디 워홀은 '샤넬 N°5' 병을 무지개빛 실크 스크린으로 찍었다.

30초마다 한 병씩 팔린다는 '샤넬 N°5'는 패션 브랜드 샤넬이 출시하는 하나의 향수 제품명을 넘어섰다. 그것은 여자들에게 관

◆ 데이나 토마스, 《럭셔리》, 이순주 옮김, 문학수첩, 2008, p.183

능과 매혹의 보통 명사가 되었다.

실제로 샤넬은 죽을 때까지 부유한 생활을 누릴 만큼 막대한 소득을 이 제품으로 벌었는데, 1971년 1월 25일자 〈타임〉 발표에 따르면 샤넬이 죽으면서 남긴 재산은 1,500만 달러(현재 가치로 대략 600억 원 이상)에 이른다.◆ 이렇게 전에 없던 새로운 접근방식과 제품을 창조할 수 있었던 바탕은 무엇일까?

나는 취향을 타협하지 않는다

샤넬은 자신의 취향을 타협하지 않았다. 20대 초반부터 그는 불편한 여성용 승마복 대신 마부 소년들의 옷차림을 약간 변형시킨 중성적인 승마복을 주문해서 입었다.

1미터 50센티미터에 이르는 기다란 머리카락도 연인 카펠과 헤어지고 단발로 잘랐고, 그것이 일대 유행으로 번지면서 코코 샤넬은 패션의 아이콘이 되었다. 특히 코르셋과 원피스로 풍만한 여성미를 뽐내던 시대에 마른 몸의 자신에게 어울리는 편안하고 활동성이 좋은 남성적인 여성복 스타일을 창조했다.

◆ 앙리 지델, 《코코 샤넬》, 이원희 옮김, 작가정신, 2002, p.244

이렇게 샤넬은 자신의 취향을 고집하되 항상 시대의 변화를 주목하고 있었다. 샤넬이 시도한 스타일을 요약하자면 자신처럼 '일하는 여성을 위한 옷'이다. 그것은 1차 대전 이후로 집안에 머물렀던 여성들이 일터로 나가기 시작하면서 장식성보다 실용성을 중시하는 시대 상황과도 잘 맞아떨어졌다.

'패션의 검은 보석'으로 불리는 '리틀 블랙 드레스'도 이브닝 드레스가 아닌 활동성이 좋은 옷으로 만들었다. 영화 〈티파니에서 아침을〉에서 오드리 헵번이 입었던 리틀 블랙 드레스의 세련된 아름다움은 샤넬이 없었다면 만들어지지 않았을 것이다. 이렇게 샤넬은 다양한 분야의 예술가들과 적극적으로 교류하면서 자신의 취향을 풍성하게 발전시켰다.

다양한 만남에서 길어 올린 새로운 생각

고아원에서 자란 샤넬은 패션의 독학자였다. 그는 자신의 취향과 감각으로 모자부터 드레스, 향수와 액세서리 등을 디자인했는데, 예술가들과의 만남은 그에게 패션을 둘러싼 다양한 분야를 습득하는 기회가 됐다. 만약 그가 패션 사업가로 성공해서 그 분야에만 머물렀다면, 샤넬의 이름은 지금과는 다른 뜻으로 전해질 것이다.

패션 사업가로 이름을 얻은 1920년대부터 그는 친구들을 통해 예술의 수도가 된 파리로 모여든 여러 국적의 예술가들과 폭넓게 교류했다. 그는 재능 있는 이들의 작품 활동과 생활고를 해결해주기 위해 자신의 재산을 아낌없이 사용했다.

특히 러시아 발레를 유럽에 소개한 디아길레프의 공연에 필요한 비용 전액을 부담했고, 극도의 생활고에 시달렸던 현대 음악 작곡가 스트라빈스키의 거처와 생활비를 평생에 걸쳐 챙겼고, 자신이 사랑했던 시인 피에르 르베르디에겐 시집을 출판해서 인세를 보내주는 방식으로 수입을 보장해줬다. 그의 자존심을 지켜주기 위한 세심한 배려였다.

이렇게 다양한 분야의 예술가들을 후원하고 그들과 적극 교류하고 지내면서 샤넬은 예술과 문화, 교양과 이국 문화 등에 대해 알아나갔다. 러시아 예술가들을 통해 접한 러시아 자수를 옷 디자인에 접목했고, '샤넬 N°5'의 병 모양도 가깝게 지내던 피카소와 브라크가 주도한 입체주의의 영향으로 분석된다.

한 분야에서 성공하면 대체로 만족하며 그에 머물면서 성공의 방식을 되풀이하기 마련이다. 하지만 샤넬은 자신의 취향을 확실히 유지하면서도 항상 새로움을 추구하는 예술가들을 통해 새로운 아이디어를 많이, 자주 접했고 그 가운데서 자신의 취향과 시대 상황에 부합하는 디자인을 만들어냈다.

마리 로랑생
〈마드무아젤 샤넬의 초상〉
1923

향수와 옷은 제품이지만, 인간의 마음이 담겨 있는 물건이다. 그래서 이성적인 설득보다 감성적인 유혹이 유리하다. 샤넬은 당대의 여성들을 세련됨과 편리함으로, 지금은 그에 더해 고급스러움과 우아함으로 유혹한다.

"인생이 나를 기쁘게 하지 않아 나는 내 인생을 창조했다.

나는 패션을 하지 않는다. 내가 패션이다."

_가브리엘 샤넬

계획은
이제 그만,

일단
시작하자

레오나르도 다빈치, 미켈란젤로 부오나로티, 라파엘로 산치오를 르네상스 3대 천재로 꼽는다. 〈모나리자〉와 〈최후의 만찬〉으로 르네상스를 상징하는 작품을 만든 레오나르도, 그의 가르침을 이어받아 르네상스 미술을 완성한 라파엘로가 주로 회화에 머물렀다면, 미켈란젤로(Michelangelo Buonarroti)는 바티칸 시스티나 성당의 천장벽화인 〈최후의 심판〉, 〈천지창조〉와 피렌체 시청사 앞에 놓인 거대한 〈다비드〉 상 같은 걸출한 조각 작품까지 폭넓게 활동했다.

레오나르도와 라파엘로가 우아하고 섬세한 분위기라면, 미켈란젤로는 우람하고 박력 있는 작품을 주로 만들었다. 이탈리아의 아름다움을 가장 높은 곳까지 끌어올린 장본인으로 특히 칭송받는 미켈란젤로와 같은 비범한 인물은 범상치 않은 날에 태어나는 법이다.

이탈리아의 아름다움을 가장 높은 곳까지 끌어올린 장본인

"나는 1475년 3월 6일인 오늘 나의 아들이 태어났음을 기록한다. 아이의 이름은 미켈라뇰로라고 지었으며, 이 아이는 월요일 아침 4, 5시경에 내가 시장직을 맡고 있는 카프레세에서 태어났다. 아이는 이달 8일에 카프레세의 산조반니 성당에서 세례를 받을 것이다."◆

미켈란젤로 아버지의 기록에 따르면, 미켈란젤로는 수성과 금성이 목성의 집을 찾았을 때 태어났고, 당시 사람들은 이런 날에 세상에 온 아이는 회화, 조각, 건축 같은 오감을 기쁘게 하는 미술 분야에서 일대 성공할 운명이라 말했다.

인간의 오감을 기쁘게 하는 분야는 낮은 신분 출신들의 몫이었기 때문에, 귀족 출신인 미켈란젤로에겐 격에 맞지 않는 일이었다. 그래서 어린 미켈란젤로가 그림을 그리기 시작하자 아버지와

◆ 하인리히 코흐, 《미켈란젤로》, 안규철 옮김, 한길사, 2000, p.31

숙부는 별다른 이유 없이 그를 두들겨 팼다. 출생의 운명을 이어 갈 수 있었던 것은 미켈란젤로의 보모 덕분이다.

"나(미켈란젤로)는 조각을 만드는 데 사용하는 망치와 정에 대한 사랑을 이미 젖먹이 때부터 받아들였다."◆

보모의 아버지와 남편이 모두 석공이어서, 미켈란젤로는 태어난 직후부터 망치와 끌을 사용하는 기술을 자연스레 익혔다. 15세가 되었을 때, 그는 피렌체의 지배자 로렌초 데 메디치가 후원하는 미술가 전문 양성소인 산마르코 정원학교에 입학해서 조각을 본격적으로 공부한다.

그때부터 두각을 드러낸 그는 20대 초반에 십자가에서 내려진 죽은 아들 예수를 안고 슬픔에 빠진 성모의 모습을 담은 〈피에타〉 상을 의뢰받았는데, 계약서에 적힌 의뢰 조건은 놀랍기 그지없다.

"로마에서 지금까지 한 번도 본 적이 없을 만큼 세상에서 가장 아름다운 조각품이 되어야 한다."◆◆

미켈란젤로의 〈피에타〉가 공개되자, 고대 그리스로마 시대의

◆　같은 책, p.37
◆◆ 로스 킹, 《미켈란젤로와 교황의 천장》, 신영화 옮김, 다다북스, 2007, p.11

조각품을 압도한다는 극찬이 쏟아졌다. 계약조건을 완전히 충족한 셈이다. 곧이어 피렌체 시청사에 〈다비드〉 상을 세운다. 거인 골리앗을 돌팔매로 쓰러트린 소년 다비드(다윗)가 지금껏 작은 크기로 묘사되어온 전례를 깨고, 그는 무려 5미터에 육박하는 압도적인 크기로 위풍당당한 미를 갖춘 영웅으로 완성했다. 생물학적 나이는 소년이나 다비드의 존재감은 거인, '일 기간테(Il Gigante)'였기 때문이다.

이로써 그의 명성은 피렌체를 넘어 이탈리아 전역에 퍼져나갔다. 일찌감치 〈피에타〉를 보고 감동받은 로마의 교황 율리우스 2세는 미켈란젤로를 로마로 불러서 자신의 영묘를 만들라고 지시했다. 그 작업은 제대로 시작도 못한 상태에서 그에게 시스티나 성당의 천장화를 그리라는 주문이 왔고, 우여곡절 끝에 거의 혼자의 힘으로 〈천지창조〉를 완성했다. 어떻게 그는 인류의 축복과도 같은 이런 작품들을 만들어냈을까?

변화보다 진화가 실력이다

우리는 그를 천재로 부르지만 그는 스스로를 항상 조각가, '스쿨토레(Scultore)'라고 칭했다. 이런 그를 둘러싼 가장 대표적인 신화는, 미켈란젤로에게는 대리석 덩어리 안에 잠자고 있는 형상이 보

미켈란젤로 부오나로티

〈피에타〉

1498~1499

이기에 돌을 깨어 그것을 세상 밖으로 꺼내면 된다는 것이다.

천재에 어울릴 법한 소문이나, 사실은 그렇지 않았다. 그는 작품이 정해지면 질 좋은 대리석을 찾으러 채석장에 간다. 좋은 작품을 만들기 위해서 최상의 대리석이 있어야만 했기 때문이다. 돌이 구해지면, 머릿속에 구상된 형상을 떠올리며 곧바로 돌을 깨기 시작한다. 돌의 성질과 모양, 형태 등을 감안하면서 자신의 생각을 수정하며 계속 만들어나갔다. 따라서 그는 미술이론을 실제 작품에 적용하는 사람이 아니라, 일단 시작해서 난관을 해결해나가는 모험가 스타일이었다.

그는 계획을 완벽하게 세우고 작업을 시작한 레오나르도와 달리, 일단 손에 망치와 도구를 들고 돌부터 깨기 시작하는 스타일의 예술가였다. 천재답게 그가 모든 작품을 완벽하게 만들어냈으리라 짐작되곤 하지만, 사실은 미완성작이 전체의 5분의 3 정도로 많았던 이유이기도 하다. 생의 마지막 작품이자 끝과 정의 흔적이 여실한 〈밀라노의 피에타〉도 미완성작이었다.

일을 적극적으로 시도하는 사람들의 이면이 대체로 이러하다. 작품의 완성을 향해 나아가다가 길이 막혔다고 느끼면, 멈추고 주저 없이 다른 작품을 새로 시작했다. 많은 일감을 받고 동시에 여러 일을 진행했던 탓도 있지만, 미완성을 두려워하지 않았기 때문이다.

많은 미완성작들의 더미 위에서 피어올린 꽃 같은 작품이 〈다비드〉와 〈피에타〉인 셈이다. 따라서 돌 속에 살아 숨 쉬는 생명을 꺼낸다는 속설은 결국 그의 과감한 시도와 물러섬 없는 실행력을 상찬하는 표현으로 이해된다.

Just do it!

항상 미소 띤 얼굴로 행복하게 연주하는 첼리스트 요요마는, 남들처럼 서너 살에 바이올린과 피아노를 차례대로 배웠는데, 영 자신에게 맞지도 않고 재미가 없어서 그만두고 다른 악기를 시도하다가 자신의 악기인 첼로를 발견했다. 일단 시작해야 내가 이 일을 좋아하는지 잘하는지 등을 알게 된다. 이렇게 할까 저렇게 할까 계획과 궁리가 길어진다고 그 일을 더 잘하게 되는 것은 아니다. 미켈란젤로와 요요마는 일단 무엇이라도 시작해서 자신을 파악하고, 단점을 보완하면서 앞으로 나아갔다.

계획은 잘 세우겠는데, 시작을 못 하거나 꾸준히 지키지 못하는 이유는 무엇일까? 실행하기 버거울 정도로 무리하게 세운 계획 탓도 있지만, 그것을 잘해내지 못하리라는 두려움도 적지 않다. 제대로 못 할 바에는 차라리 하지 말자는 생각이 자신감을 떨어트리며 실행을 주저하게 만든다.

이럴 때일수록, 그동안 공들여 세웠던 계획 가운데 하나를 일단 실행하여 결과물을 빨리 내자. 아무리 작은 결과물이라도 상관없다. 결과물을 보면 성취감이 생긴다. 이렇게 얻은 성취감은 또 다른 계획을 실행할 힘을 준다. 그러니 일단 일을 시작하면 일상의 무기력이 깨어지고 슬럼프도 극복하는 힘과 자극이 될 것이다. 칭찬은 고래도 춤추게 만들고, 성취감은 아무리 작아도 그 효과는 결코 작지 않다.

첫발을 떼면 의외로 별 어려움 없이 잘 해낼 수도 있고, 재미없어서 하기 싫을 수도 있다. 해보지 않으면 모르는 것들을 알게 된다. 그러니 걱정하지 말고 하고자 하는 것을 당장 하자. 저스트 두 잇 Just do it!

"신이시여, 제가 달성할 수 있는 것보다
늘 더 높은 것을 원하도록 허락하십시오."

_미켈란젤로 부오나로티

〈오페라의 유령〉이

두 마리
토끼를
다 잡은 이유

뮤지컬은 노래와 춤으로 극을 전개하는 음악극이다. 르네상스 시대에 만들어진 오페라에서 뻗어 나와 유럽을 거쳐 미국에서 지금과 같은 형식으로 정착됐다. 오페라를 할아버지로 둔 손자로 생각하면 된다. 오페라에 비해 관객들에게 쇼의 재미를 선사해야 해서, 뮤지컬은 예술성보다 상업성이 중요하다. 하지만 어느 분야에서나 둘을 잘 아우르는 창작자는 있기 마련인데, 뮤지컬계에서는 단연 영국을 대표하는 뮤지컬 작곡가 앤드류 로이드 웨버(Andrew Lloyd Webber)다.

1970년에 발표한 출세작 〈지저스 크라이스트 수퍼스타〉로 그는 뮤지컬을 넘어 대중문화 전반에, 영국을 넘어 전 세계에 이름

을 알렸다. 〈오페라의 유령〉, 〈캣츠〉, 〈에비타〉, 〈스타라이트 익스
프레스〉 등으로 엄청난 흥행 수익을 거둔건 물론이고 토니상 7회,
그래미상 3회, 올리비에상 6회, 골든글러브상, 오스카상 등 상도
많이 받았다.

이런 공헌으로 1992년에 영국 왕실로부터 '기사 작위(Knight
hood)', 1997년에는 '종신작위(House of Lords)'를 수여받은 귀족
이다. 하나도 잡기 어렵다는 작품성과 흥행성, 두 마리 토끼를 다
잡은 웨버의 성공 비결은 무엇일까?

너무도 위험하고 너무도 새롭다

모든 거장은 초기작에 명작의 씨앗을 품고 있듯이, 웨버도 데뷔작
〈지저스 크라이스트 수퍼스타〉에 자신의 특징을 많이 담고 있다.
제목부터가 심상치 않다. 예수가 축구선수도 야구선수도 아니고
록밴드 보컬도 아닌데, 수퍼스타라니? 물론 이 작품의 충격적인
내용에 비하면 제목 정도는 애교다. 사실 종교 인물은 대중문화의
흔한 소재이나 워낙 다루기 까다로워서 제작 편수에 비해 명작이
극히 드물다.

대체로 관객이 원하는 답이 정해져 있고, 역사적인 인물이라
작품에서 자칫 해석이나 묘사를 잘못 했다간 거센 역풍을 맞기 때

문이다. 이 작품도 예수와 은 30냥에 예수를 넘긴 배신자 유다를 다룬 선악의 이야기였으면, 음악은 좀 들을 만한 무난한 '록버전 찬송 뮤지컬'로 잠시 회자되다가 잊혀졌을 수도 있다.

하지만 20대 초반의 작사가 팀 라이스와 작곡가 웨버는 예수와 유다에 대해 파격적인 해석을 가했다. 고통받는 인류를 구하러 온 예수는 주변 사람들로 인해 제 역할에 회의하고, 창녀 마리아에게서 위안을 얻는다. 반면 유다는 예수를 사랑하지만 배신할 수밖에 없는, 예수가 당하는 고통을 보고 견디지 못한 채 자살하는 인물로 설정되었다.

이런 줄거리에 더해, 보수적인 당시 사람들에게는 사회적으로 좀 문제 있는 집단들이 좋아하는 좀 문제 있는 음악으로 치부되던 록을 기반으로 만들었다. 이에 따라 초연에서 예수 역을 록밴드 딥 퍼플의 이안 길런이 맡았다. 관객의 선택은 뜨거운 호응 아니면 열렬한 비난 가운데 하나였다. 극장 안과 극장 밖은 그렇게 극명하게 나뉘어졌다.

다르지 않으면 승부를 걸지 않는다

웨버는 이 작품에서 가장 유명한 곡인 마리아가 자신의 무릎 위에서 잠든 지친 예수를 바라보며 부르는 격정적인 사랑의 노래 〈어떻게 사랑하나〉, 겟세마네 동산에 올라 예수가 자신의 고뇌를 거칠게 표현한 〈겟세마네〉, 록으로 부르는 클래식 찬송가 같은 〈호산나〉, 장엄하고 클래식한 〈수퍼스타〉, 떠나간 예수를 그리워하며 부르는 마리아와 베드로를 비롯한 제자들의 합창 〈다시 시작해요〉 등 관객들의 귀를 사로잡는 새로운 스타일의 뮤지컬 음악을 만들어냈다. 라이스가 작품의 내용으로 이목을 끄는 역할을 했다면, 웨버는 그 내용을 확인하러 온 관객들을 완성도 높은 음악으로 넉다운시켰다.

놀랍도록 새로운 해석을 가한 작품에 걸맞게 무대연출과 캐스팅도 파격적이었다. 예수가 십자가를 짊어지고 골고다 언덕을 오를 때에는 카메라와 조명기를 든 방송 기자들이 취재 경쟁을 벌이고, 헤롯왕은 MTV 쇼 프로그램 진행자처럼 묘사되며, 가죽 자켓을 입은 유다 등은 현대적인 옷과 선글라스를 끼고 있다. 게다가 예수는 백인인데 마리아는 흑인 마리아, 아시아인 마리아도 등장했다.

즉 웨버는 스캔들로 이목을 끌고 작품의 완성도로 관객의 마음을 얻어냈다. 이것이 웨버가 상업성과 예술성을 조화시킨 비결이다.

항상, 고개는 별을 향해 있을 것

"나는 항상 흥행이 아닌 새로움을 추구해왔으며, 앞으로도 그러할 것이다."

〈우먼 인 화이트〉(2004년) 오픈 당시 영국 신문과 한 인터뷰에서 말했듯, 웨버는 새로운 생각과 시도를 두려워하지 않았다.

〈지저스 크라이스트 수퍼스타〉뿐 아니라 〈황무지〉로 노벨상을 받은 영국 시인 엘리엇의 시집 《지혜로운 고양이가 되기 위한 지침서》를 뮤지컬로 각색한 〈캣츠〉(1981년)도 그러했다.

어디에서도 보지 못했던 고양이들을 주인공으로 하는 대규모 쇼인 이 작품은 신선한 소재와 풍부하고 다양한 볼거리, 불멸의 히트곡 〈메모리〉 덕분에 지금까지도 관객들이 줄서서 공연장으로 오는 공전의 흥행작이 되었다. 그리고 한 막은 전부 노래로, 다른 막은 전부 춤으로만 구성된 실험적인 뮤지컬 〈송 앤 댄스〉(1982년)에 이어, 런던 외곽의 극장 전체를 기차 레일로 만든 〈스타라이트 익스프레스〉(1984년)를 발표한다.

주인공은 장난감 기차, 음악은 록과 디스코다. 기차로 변신한 배우들은 모두 롤러스케이트를 타고 마치 기차처럼 극장 전체를 자유자재로 이동했다. 한 작품을 위해 공연장 전체를 개조할 수도 있다는 새로운 관점을 제시하며, 당시로는 새롭다 못해 경이롭기까지 했을 감각을 안겼다. 그리고 오페라를 뮤지컬화 시켜낸 〈오페라의 유령〉(1986년)은 초연 이후 30여 년 동안 공연을 이어가면서 브로드웨이 공연 역사에서 가장 오랫동안 공연한 작품으로 등극하기도 했다.

이처럼 그가 만든 주요 작품들을 보면 내용, 무대, 표현방식, 형식 등에서 매번 새로움을 적극적으로 시도했다. 그의 시도와 도전이 항상 성공을 거둔 것은 아니다. 1993년 엄청난 제작비를 들여 집이 통째로 오르락내리락하는 압도적인 규모의 대작 〈선셋대로〉를 만들었지만, 무대에 과도하게 지출한 탓에 상업적으로 실패했다.

그런가 하면 이와 완전히 반대되는 극히 작은 규모의 1인 뮤지컬 〈텔 미 온 어 선데이〉의 1979년 버전을 다듬어 내놓기도 했다. 그가 최초의 1인 뮤지컬 작곡가는 아니지만, 관객들은 '웨버 = 대작'으로 여기고 있었던 터라 젊은 여자 한 명만으로 구성된 이 작품에 많은 팬들이 놀랐다.

정치와 축구가 겹쳐진 독특한 소재의 〈뷰티풀 게임〉(2000년)에 이어 2004년에 발표한 〈우먼 인 화이트〉에서는 반원형의 대형 막 두세 개로 무대를 만들고, 그 위에 비디오 동영상과 컴퓨터 그래픽으로 배경을 구성했다. 당시로선 최첨단 기술이 동원된 무대였다.

이렇듯 20대 초반에 스타가 된 앤드류 로이드 웨버는 60대가 되어서도 과거의 성공에 머물며 안전하게 늙어가지 않았다. 모든 작품에서 그는 늘 새로운 무언가를 시도했고, 관객들은 항상 그의 신작을 기다리게 된다. 그의 가장 위협적인 경쟁작은 그 자신이 만든 이전 작품들이었다. 〈지저스 크라이스트 수퍼스타〉, 〈캣츠〉, 〈오페라의 유령〉을 넘어서려면 다시 한 번 그 작품들처럼 관객들을 즐겁게 놀래킬 무엇이 담겨 있어야 하기 때문이다. 2020년 현재까지 웨버는 총 스물 한 편 정도의 뮤지컬 창작을 지휘했는데, 그 가운데 대여섯 작품 정도가 그의 명성에 부합하는 성공을 거뒀다.

　결과적으로 뮤지컬 역사에 길이 남은 그의 작품들은 위험을 기꺼이 무릅쓰고 항상 새로움을 추구한 결과물이다. 과거의 성공 방식을 답습하는 안전한 길로 갔다면 '살아 있는 전설'로 불리며 영국 음악가 재산 2위(2019년 기준)에 이르는 명예와 부는 지금처럼 빛나지 않았을지도 모르겠다. "용기는 별로 인도하지만 두려움은 죽음으로 인도한다"는 철학자 세네카의 말처럼 늘 고개 들어 별을 향했기에 남보다 한 걸음이라도 멀리 나아갈 수 있었던 웨버의 태도는 지금도 그를 현역 거장으로 활약하게 하는 힘이다.

"나를 놀라게 하는 것은 성공과 실패 사
이에 아주 미세한 선이 있다는 점이다.
단 한 가지 요소가 차이를 만든다."

_앤드류 로이드 웨버

나만의
세계를 완성하는

보테로식
여행법

여행과 관광은 다르다. 스위스 시골마을에서 알프스를 봐도 누구에겐 여행이고, 누구에겐 관광이다. 관광이 풍경을 탐하는 유람이라면, 여행은 자기 자신을 위해 떠나 자신의 무언가가 변화하게 되는 여정이다.

　레오나르도 다빈치의 〈모나리자〉를 터질 듯 부풀게 그려서 일약 세계적인 스타가 된 페르난도 보테로(Fernando Botero). 모든 대상을 뚱뚱하게 그리는 독창적인 화법을 만든 팔 할은, 젊은 시절의 여행이었다.

상금으로는 비행기 표부터!

콜롬비아 메데인 출신의 보테로는 어린 시절 집안이 가난해서 가장 빨리 많은 돈을 벌 수 있었던 투우사가 되려고 투우 학교에 입학했다. 취미로 그리던 그림에서 꽤 실력을 인정받으면서 화가로 길을 바꾸었고, 10대 후반에 이미 지역 신문에 삽화를 그려 돈을 벌 정도였다.

전업 화가가 된 그는 미술공모전에 입상해서 상금을 받았고, 주저 없이 스페인행 여행 티켓을 샀다. 그곳엔 그가 그토록 직접 보기를 원했던 벨라스케스와 고야 등 서양 미술사의 명화들이 가득 찬 프라도 미술관이 있었기 때문이다. 이처럼 보테로는 상금을 소비하지 않고, 투자했다. 소비는 현재의 만족, 투자는 미래의 가치에 돈을 사용하는 것이다.

마드리드에 온 보테로는 프라도 미술관을 매일 드나들었다. 정신적으로는 고전 그림을 보고 공부하며 즐거웠지만, 가난한 화가로서 경제적인 궁핍은 피할 수 없었다. 때문에 프라도 미술관 앞에서 관광객들에게 그림을 그려주며 돈을 벌었고, 친구와 함께 살면서 생활비를 아꼈다. 훗날 그가 정말로 가난했지만 참으로 행복했다고 회상한 마드리드 시절이었다.

대학에 다닐 돈이 없어 유명 미술관을 학교로 삼았던 보테로는 마드리드의 진면목을 충분히 흡수했다고 느끼자, 자신이 가야 할 새로운 도시를 탐색했다. 고전을 익혔으니 자연스레 당대의 미술이 궁금해졌다. 입체파와 야수파 등 전위적인 화풍이 지배하던 파리로 떠났다. 하지만 파리에 와서 보니, 파리라는 도시와 아방가르드 미술은 그와 맞지 않았다. 다음 행선지가 자연스레 정해졌다. 르네상스 미술의 보고, 이탈리아였다.

여행은 학교다

보테로는 유럽 고전 문화의 뿌리인 르네상스 미술을 직접 보기 위해 파두아와 피렌체 등 여러 도시들을 여행 다녔다. 그가 평생 존경하며 모사해온 피에로 델라 프란체스카 등의 매력도 이때 발견했다. 이렇듯 청춘의 보테로는 마드리드, 파리, 이탈리아를 여행하며 고전을 익히고 유행을 파악해 자기 스타일을 구축하는 밑거름으로 삼았다.

이제 배운 바를 세상에 발표할 때라고 생각한 보테로는 콜롬비아로 돌아가 자신만만하게 귀국 전시회를 열었다. 하지만 비평과 대중성에서 모두 실패했다. 선진 문물을 배웠으나 자신의 것으로 소화시키지 못한 탓이었다.

보테로는 다시 여행길에 올랐다. 아르헨티나의 벽화에서 남미 문화의 아름다움을 체득했고, 세계 최첨단의 도시 뉴욕으로 떠났다. 그가 뉴욕에 온 1960년대 초에는 추상표현주의가 유행하고 있었다. 젊은 화가로 자신의 스타일을 혁신해야 하는 그가 새로운 미술의 흐름에 초연하기는 힘들었다.

'나만 유행에 뒤떨어지면 어떡하지?'

'사람들이 좋아하는 덴 다 이유가 있으니, 나도 저걸 해야 하나?'

게다가 월세와 식비를 걱정해야 하는 외국인 화가에겐 더욱 절실한 고민이었다. 자동차 타이어를 팔며 생계를 유지하는 것과 유행에 동참하는 것 사이에서 보테로는 몹시 갈등했다. 지금까지와 달리 추상표현주의에 부합하는 그림으로 캔버스의 방향을 180도 튼다면, 유행하는 작가가 될 가능성도 있다. 하지만 유행하는 화풍의 작가 가운데 하나로 추락할 위험도 있다.

사실 이런 갈등은 한 번의 선택으로 끝나지 않고 앞으로도 계속될 것이다. 왜냐면 당시엔 추상표현주의가 유행이지만, 얼마 후에는 팝아트와 비디오아트가 등장해서 사람들을 사로잡을 것이기 때문이다.

자기 분야의 최신 유행을 알 필요는 있지만 쫓아갈 필요는 없다. 내 스타일로 재해석해내거나, 나의 세계와 맞지 않다면 무시해야 한다. 어설픈 타협의 결과물로는 누구의 마음도 움직이지 못한다. 그렇다고 유행을 따르는 동료를 비난하거나 무시하는 것은 오만이다. 주변을 신경 쓰되 내 것에 깊이를 더하는 시기가 청춘이다.

오랜 갈등과 '당당히 너의 스타일을 추구하라'는 동료들의 조언에 보테로는 자신의 고전적인 스타일을 현대화시키는 방법을 찾기로 했다. 그런 노력 끝에 어느 날, 그는 아주 커다란 풍선에 대비되는 작은 점을 찍으면 풍선의 부피감이 극대화되는 '마술적인 볼륨' 화법을 창조해냈다. 이렇듯 마드리드, 파리, 이탈리아, 남미, 뉴욕의 시기를 거쳐서 보테로는 한 번 보면 잊을 수 없는 '보테로 스타일'로 30대 후반에 세계적인 화가의 반열에 올라섰다.

여행으로 낯선 문화를 배우고, 그 배움에 다른 도시의 새로운 문화를 접목시키는 과정을 거치며, 여행을 학교로 삼은 끝에 이뤄낸 뜻깊은 결과였다.

인생에 한 번은 살던 곳을 떠나라

독일 문학을 세계적인 수준으로 만든 소설가이자 시인인 괴테는 《젊은 베르테르의 슬픔》으로 전 유럽에 이름을 날린 30대 후반에 모든 일을 그만두고 이탈리아로 여행을 떠났다. 독일의 대문호이자 유럽 최고의 예술가로, 바이마르 궁정의 정치인으로, 피곤에 지친 스스로에게 허락한 휴가였다. 하지만 그에게 휴식은 육신의 안락함이 아니라 정신의 자극을 찾는 일이었다. 그는 이탈리아에서 고전문화를 직접 찾아다니고 미술을 데생부터 직접 배우기 시작하며 유럽 문명에 대해 새롭게 눈을 뜬다.

자신의 이름을 숨긴 채 완전한 무명인으로 낯선 나라에서 신선한 자양분을 흠뻑 받아들인 괴테는, 오랫동안 미완성으로 남겨져 있던 작품들도 완성시켰다. 세계 최고의 명작으로 손꼽히는《파우스트》가 이때 탄생됐다. 이렇듯 늘 익숙했던 환경에서 자신을 소진시키지 말고, 인생에 한 번쯤은 보테로와 괴테처럼 자신을 키워줄 자양분을 가진 도시로 떠나 살아보면 좋을 듯하다.

"사람이 여행을 하는 것은 도착하기 위해서가 아니라 여행하기 위해서이다."

_요한 볼프강 폰 괴테

성공을
또 다른
성공으로 만든

비결

클로드 모네(Claude Monet)는 유명한 화가다. 하지만 파리 근교 지베르니에 위치한 정원과 〈수련〉 연작에는 관심이 많아도 특별히 모네를 애정하는 경우가 아니면 그의 삶에 대해서는 잘 모른다. 인터넷 검색을 해봐도 기묘한 불륜 이야기와 백내장으로 촉발된 시력 문제 같은 자극적인 에피소드들이 대부분이다.

여기엔 현대의 미술사가나 비평가들이 예술가의 삶과 작품을 연결해서 해석하는 것을 경계하는 영향도 크다. 작품은 작품으로, 작가는 작가로 보자는 태도는 옳고 그름이 아니라 관점의 문제다. 둘의 연관관계를 정확히 파악하기가 상당히 어려운 것과 별개로 이 둘의 관계를 무시하기도 불가능하다. 모차르트와 빈센트 반 고흐의 출생과 성장 배경을 무시하고 그들의 작품을 온전히 이해하기 어렵듯, 예술가의 삶을 면밀히 살펴보고 그에 대한 지식을 작품 해석의 밑절미로 쓰는 것의 필요성은 넉넉히 인정된다.

평범하게 태어나 위대해지다

난세에 영웅이 난다고 했던가. 1840년에 태어나 1926년에 죽은 모네의 인생은 프랑스의 격변기를 관통한다. 프랑스혁명의 절정기였던 왕정복고(《레미제라블》의 시대)와 제2공화국, 제2제정, 제3공화국과 파리 코뮌, 1차 세계대전 같은 세계사적인 사건들이 이어졌다. 왕정복고 시기 동안 모네 아버지는 경제적 어려움으로 파리를 떠나 이복누이가 살던 르아브르에 정착했다.

이것이 모네 인생의 첫 번째 전환점이다. 노르망디의 항구도시인 르아브르에서 어린 모네는 청명한 하늘과 신선한 파도를 보며 자랐고, 이 경험은 훗날 그의 캔버스를 위대하게 만드는 밑거름이었다. 가업을 물려받길 원했던 아버지의 뜻을 거스르고, 모네는 화가가 되기로 결심했다. 친자식처럼 물심양면으로 모네를 후원했던 아마추어 화가 고모의 역할이 컸는데, 특히 당시 산뜻한 바다 풍경화로 명성을 떨치던 외젠 부댕을 소개해줬다.

모네의 첫 번째 스승 부댕은 모네에게 "사물을 직접 보고 그리는 것에서 오는 힘과 안정감은 화실에서 그리는 그림에서는 도무지 나올 수 없다"며 자연을 직접 관찰하고 현장에서 그림을 마무리하라고 충고했고, 그 가르침을 좇아 모네는 본격적으로 야외적인 생동감 넘치는 풍경화를 그리기 시작했다.

함께 바닷가에 이젤을 펼쳐놓고 그림을 그렸던 부댕은 모네를 제자가 아닌 동료로 따스히 대했다. 모네는 부댕과 작업하면서 마침내 풍경을 보는 눈을 뜨고 진정으로 자연을 이해하게 되었다.

군복무를 마치고 귀국한 모네가 만난 두 번째 스승은 네덜란드 출신의 용킨트였다. 모네는 그에게서 대기 중의 빛을 포착하는 법과 예술가의 눈을 갖는 법을 배웠다. 자신감에 가득찬 20대 초반의 모네는 고향을 떠나 파리로 왔다.

그는 당시 인기를 끌던, 눈에 보이는 대로 그리던 〈이삭줍기〉와 〈만종〉의 프랑수아 밀레로 대표되는 바르비종파의 풍경화를 좋아했으나 그 길로 가지는 않았다. 르누아르, 시슬레와 바지유 같은 또래의 동료화가들과 새로운 그림인 인상주의를 향해 나아갔다.

인상파 그림들은 이전 시대의 그림보다 밝고 화사하다. 그게 뭐 그리 큰 변화인가 싶지만, 결정적인 차이다. 캔버스가 밝아졌다는 뜻은, 그림에 대한 전통적인 해석을 거부한다는 의미다.

모네의 팔레트에는 검은색이 없다

인상주의의 핵심은 자연의 빛을 화가의 자유로운 색으로 표현해 내는 것이다. 이를 위해서는 자연을 제대로 관찰해야 했다.

예를 들어 그가 관찰한 결과 화창한 숲에서는 나무와 잎사귀들로 그림자가 검은색이 아니고, 흰색 원피스도 햇빛의 반사와 산란으로 보라빛이 감돌았다. 그래서 그는 그림자에 보라나 초록 같은 색깔을 흐르게 했다. 그의 팔레트에는 검은색이 없었던 이유다.

그림자는 검게 그려야 한다는 편견을 부쉈다. 겨울에 내린 눈도 자세히 관찰하면 햇빛이 반사되어 약간 보랏빛이 흐른다는 사실도 모네는 알아챘다. 그는 남들처럼 보지 않고, 그려왔던 대로 그리지 않았다. 자신의 눈으로 세상을 바라봤고 본 대로 그린 모네의 캔버스는 완전히 새로웠다.

자기만의 새로운 미술을 추구한 대가는 가혹한 가난이었다. 왜냐면 당시 사람들은 역사적인 내용에서 교훈을 이끌어내길 즐겼고, 역사화가 최고의 미술이었기 때문이다. 아카데미(학교)와 살롱(전시회)을 통해 전파된 그림만이 제대로 된 그림이었다. 사람들은 자신이 이해할 수 있는 내용과 기법의 그림만을 선택했다. 그에 위반되면 도덕적 침범으로 간주했다. 신흥 중산층, 상공업 종사자들은 돈은 있으나 교양이 부족했기에 이전 귀족들의 문화적 취향을 답습했기 때문이다.

　모네와 동료들은 가난을 감당하며 새로운 예술의 관점을 믿고 앞으로 나아갔다. 그 결과, 인상주의의 가치를 이해한 사람들이 점차 많아지면서 모네는 막대한 부와 국제적인 명성을 거머쥐었다. 이런 성공의 보상을 그는 당시 사람들이 깜짝 놀랄 일에 쏟아붓기 시작한다. 그리고 그것이 모네를 위대하게 만든 요인이기도 하다.

지베르니 정원 건립에 돈을 쏟은 이유

그는 그림으로 번 돈으로 무성한 풀과 나무, 세계 각지에서 공수한 꽃을 심었고, 굽이치는 둑을 만들고, 구불구불한 길을 내어 물의 정원을 만들었다. 연못과 화단을 색과 높이에 따라 분류하여 대규모 정물화처럼 세심하게 꾸몄다. 이 과정은 녹록지 않았다. 연못에 필요한 수로를 끌어오는 과정에서 자신들의 농사를 망치려고 파리에서 온 화가가 일부러 물을 많이 사용한다고 믿은 주변 농부들과 여러 번 충돌했고, 관청에 허가를 요구하는 각종 편지들도 써야 했었다.

　이런 귀찮음과 난관을 감당한 이유는 그림 때문이었다. 정원이 자신의 가장 아름다운 명작이라는 모네의 말은 거짓이나 과장이 아니었다. 모네에게 정원은 그림의 잠재태였고, 그림은 정원의 발현체였던 셈이다. 그는 정원을 그리기 위해 정원을 만들어야만 했다.

지베르니 정원을 만들면서 그는 〈루앙 대성당〉 연작도 하나씩 완성해가고 있었다. 아침과 점심, 오후와 저녁의 빛의 온도가 달라지면서 성당 외관에 대한 사람들의 인상이 바뀐다. 모네는 이것을 스무 점 이상의 각기 다른 색채로 빛나는 루앙 대성당 연작으로 완성했다.

여기서 시도하여 얻은 결과를 모네는 지베르니 정원을 그리며 녹여내기 시작했다. 이렇게 〈수련〉 연작이 세상에 나왔다. 사실 처음에는 수련을 그림의 소재로 삼을 계획은 없었고, 단순히 관상용으로 심었을 뿐이었다. 그런데 매일 보다 보니 수련이 떠 있는 연못 풍경을 이해하게 됐고, 캔버스에 담기로 결심했다.

정원이 제대로 자리 잡으면서 모네는 더 이상 소재를 찾으러 다른 도시로 여행을 다닐 필요가 없어졌다. '잠든 연꽃'이라는 뜻의 수련은 그 이름은 평온하지만, 모네의 〈수련〉은 색채의 움직임으로 분주하다. 언뜻 스치는 모순이 모네가 이 그림을 그리던 당시의 상황이었다. 사랑했던 부인들과 큰아들이 차례로 죽었고, 빛과 색에 탐닉한 결과였는지 시력은 백내장으로 회복 불가능한 지경이었다. 모네는 수술로 시력을 회복하지 못하리라 믿었고, 미루고 미루다 하게 된 수술은 실패했다. 유명한 의사가 맞춰준 안경도 그리 효과를 보지 못했다.

"베토벤이 귀가 안 들리는 채로 작곡을 했듯이, 나는 눈이 안 보이는 상태로 그림을 그린다." 이런 악조건 속에서 모네는 생애 후반 30여 년 동안 250여 점의 수련을 그렸다.

성공에 안주하지 않는다

모네의 생애를 살펴보면, 그는 성공을 새로운 도전의 밑거름으로 삼았다. 모네는 색으로 할 수 있는 모든 것에 도전했다.

모네에게 작품은 늘 새로움을 향해 나아가야 한다. 그에게 같은 것을 반복하며 사는 인생은 낭비였다. 성공으로 얻은 결과는 새로운 성공을 위해 투자하고, 성취는 다른 성취로 이어졌다.

그림값이 오르고 잘 팔리게 되면 대체로 안주한다. 대중들이 자신에게 원하는 것만 만들면 된다고 믿는 예술가와 언제나 대중보다 새로움에 한 발 정도 앞서 나가야 한다고 믿는 예술가가 있다. 르누아르는 전자, 모네가 후자였다. 자기 그릇에 맞는 성공의 크기가 있다고 믿는 쪽과 설령 그 크기가 정해져 있더라도 노력으로 키울 수 있다고 믿는 쪽이 있다. 모네는 후자였다.

따라서 모네의 신작에는 이전 그림을 통한 연구의 결과가 녹아

클로드 모네
⟨수련 : 구름⟩
1915~1926

들었고, 그에게 성공은 또 다른 성공을 향한 도전의 밑천이었다.
그 과정에서 모네의 그림은 점점 깊어지며 보다 많은 사람들의 마음을 움직일 수 있게 됐다. 모네에게 그림의 깊이는 작은 성공과 성취에도 멈추지 않고 꾸준히 파고드는 성실함에서 비롯되었다. 모네의 도전적인 삶에 우리의 삶을 비춰본다면 어떨까?

우리도 살면서 거둔 성공에 안주하고 싶어진다. 괜히 변화를 줘서 지금보다 나쁜 상황으로 추락할 수도 있으니 현상유지에 최선을 다하는 편이 현명하다고 스스로를 다독인다. 하지만 그렇게 변화를 미루다 보면 어느새 현상유지도 어려워진다. 물론 시도가 실패할 수도 있다. 하지만 실패로 얻은 결과물로 그 다음의 보완된 시도를 하다 보면 더 큰 성공을 갖게 될 것이다.

클로드 모네
〈수련 : 녹색 반사〉
1915~1926

성공을 거뒀을 때, 오히려 그때가 변화를 준비하고 시도할 적기다. 성공의 자신감을 혁신의 두려움을 떨쳐내는 연료로 쓰자. 그래도 어쩐지 변화가 두려워 주저될 땐 모네가 품었던 담담한 마음가짐의 말을 새기면 도움이 될 것이다.

"나는 기적을 펼치고 있는 게 아니다.
다만 하루하루 엄청난 양의 물감을 써
대고 많이 낭비하고 있다."

_클로드 모네

백남준과
존 케이지의

창의력 코드

예술가들에게 창의력은 핵심 가치다. 우리가 작품을 통해 찬미하는 것은, 작품의 아름다움을 넘어 그런 작품을 만든 예술가가 지닌 생각의 아름다움이다. 어떻게 예술가들은 저렇게 기발한 발상을 할 수 있을까?

폴 세잔과 마르셀 뒤샹처럼 미술의 성격을 근본적으로 변화시키거나 파블로 피카소와 마르크 샤갈처럼 새로움과 대중성을 조화시킨 스타들이 미술계를 휩쓸고 지나가자, 20세기 중후반에는 하늘 아래 더 이상 새로운 예술은 없으리라는 절망이 짙게 드리워졌었다. 치기 어린 작품과 도발적인 해프닝은 종종 있었지만 혁신적인 예술가는 좀체 찾기 어려웠다. 이런 시기에 독창적인 작품을 발표하며 단숨에 현대 예술계의 스타가 된 두 명의 예술가가 있었다. 바로 존 케이지(John Cage)와 백남준이다.

존 케이지는 백남준의 스승이자, 전위 예술그룹인 플럭서스의 정신적 지주였다. 특히 1952년에 발표한 작품 〈4분 33초〉로 그의 이름은 예술사에 빛나게 새겨졌다. 이 작품은 작곡가 케이지의 이름과 결부되면서 당연히 음악 연주 공연으로 예상됐다. 하지만 그것은 관객에게 던진 케이지의 덫이었다.

공연이 시작되자, 피아니스트가 연주복을 갖춰 입고 무대 위 피아노 앞에 앉는다. 이제 관객들은 말을 멈추고 조용히 연주가 시작되길 기다린다. 연주자는 피아노 뚜껑을 열고 소매를 걷고 연주를 시작하려다가, 손을 스르르 내린다.

응? 뭔가 마음에 걸리는 게 있어 다시 시작하려나? 그렇게 연주를 하려는 듯한 자세로 피아니스트는 4분 33초 동안 무대에 있었다. 관객들은 호기심과 놀람, 의문과 의심이 버무려진 혼란스러운 심정으로 그 시간을 견뎠다. 수군거리며 연주의 시작을 내내 기다렸으나, 피아니스트는 4분 33초가 지나자 자리에서 일어나 무대 밖으로 사라져버렸다. 응? 결국 피아노는 단 1초도 연주되지 않았다.

이 작품을 통해 케이지가 말하고자 한 바는 분명하다. 그는 무대 위의 연주자는 연주하고, 무대 아래 관람객은 그 연주를 조용

히 듣는다는 연주회장의 구조를 깨버렸다. 케이지에 의해, 4분 33
초 동안 전통적인 관계가 역전됐다. 연주자는 어떤 소리도 내지
않았고, 관객들이 헛기침과 옷매무새를 고치는 소리, 의자의 삐걱
거림, 아주 낮게 속삭이는 소리 등 각종 소리들을 만들어냈다. 따
라서 연주자가 관객이 되고, 관객이 연주자가 되어버렸다. 왜 이
런 작품을 만들었을까?

음악이란 무엇인가를 다시 생각한다

음악은 소리로 만들어내니, 꼭 악기로만 연주하란 법은 없다. 모
든 소리가 음악의 소재로 쓰일 수 있다. 침묵도 소리고, 기침도 소
리고, 피아노의 도레미도 소리다.

음악을 '소리의 조직(organization of sound)'으로 생각한 케이지
는 이 작품으로 서양 음악사의 일대 전환점을 마련했다. 음악 공
연에서는 숨죽인 채 악기 연주만 흘러야 한다는 편견을 깨고 관
객들이 만든 소리와 가끔 연주자가 내는 소리를 들려줬다. 이로써
관객이 연주하고 연주자는 듣는 권력관계의 역전과 무대 위와 아
래의 역할 교환도 아울러 생겨났다.

이런 창의성은 음악의 본질을 소리에 두면서 음악에 대해 다시
생각하는 관점의 전환에서 비롯됐다.

서양 음악을 옭아맸던 옥타브와 음가의 올가미를 풀어버린 케이지는 피아노와 바이올린, 첼로가 아닌 일상생활에서 쉽게 볼 수 있는 플라스틱, 장난감, 인형 등으로 소리를 연주했다. 왜 지금까지 그런 생각을 한 사람이 아무도 없었을까 의아할 정도로, 음악에 관한 혁신적인 생각이었다. 케이지에 의하여 음악은 음악당의 속박에서 탈피하여 어느 곳에서 어떤 형태로든 존재할 수 있게 됐다. 새로운 음악은 새로운 생각으로 만들어진다.

관객도 예술가라는 사고의 전환

이 기이하고 역사적인 공연을 제자인 백남준은 〈바이올린 독주〉라는 작품으로 재창조했는데, 〈4분 33초〉처럼 제목과 내용이 어긋났다. 그는 무대에서 바이올린을 5분 동안 천천히 들어 올리다가 갑자기 바닥에 내리쳐 부줬다. 그것이 전부였다.

바이올린 독주 음악을 들으러 왔던 관객들은 깜짝 놀랄 수밖에 없었다. 더 나아가 백남준은 스승의 창의성을 자신의 것으로 완전히 소화시킨 작품 〈자석 TV〉를 발표했다. 이 작품으로 백남준은 예술사에 '비디오아트의 아버지'로 기록되었다. 여기서 백남준이 텔레비전에 행했던 창의적인 시도는 딱 하나였다.

텔레비전의 경우 방송국에서 송출하는 영상을 시청자들이 안

방에서 그대로 봐야만 한다. 즉 시청자가 채널은 선택할 수 있지만, 방송 프로그램의 내용에 대해서는 일절 개입할 수 없다. 백남준은 〈자석 TV〉를 통해 텔레비전의 본질적인 속성인 이런 일방성을 깨부쉈다.

방법은 간단했다. 텔레비전 브라운관 앞에 자석을 매달아 두었을 뿐이다. 이제 전시장에 들어선 관객이 그 자석을 화면에 대고 이리저리 움직이는데, 그럴 때마다 컬러 텔레비전의 화면에는 자기장의 힘에 따라 파랑, 녹색, 빨강의 곡선들이 만들어졌다.

이 단순한 장치로 백남준은 관객의 위상을 적극적인 참여자, 더 나아가 작품을 완성시키는 창작자 위치로까지 격상시켰다. 이 것은 서양 예술사에서 처음 있는 위대한 발견이었다. 왜냐면 서양 예술사에서 관객은 항상 창작자가 만든 작품을 보기만 하는 수동적인 존재였기 때문이다. 우리나라의 판소리나 마당놀이처럼 관객들이 추임새를 넣거나 대꾸를 하며 작품에 참여하는 경우가 전혀 없었다.

시대는 이미 민주주의로, 국민이 주인인 평등의 세상으로 넘어왔음에도 미술에서는 여전히 '창작자-관람객'으로 나뉘어서 관람객을 구경꾼의 자리에서 탈피시키지 못했는데, 백남준은 새로운 매체인 비디오를 통해 미술에서도 평등을 구현했다. 이처럼 시대정신에 맞는 창의성이야말로 역사에 뿌리를 깊게 내릴 수 있다.

남이 하지 않았던 것을 한다고 모두 창의적인 작품은 아니다. 진정한 창의성은 남들이 이미 했어야 할 만큼 꼭 필요했으나 그런 생각을 못했거나 알고도 그게 필요한지 몰라서 안 하고 있었던 것을 해냈을 때 얻어진다. 예술사를 살펴보면 그런 평가가 작품의 발표와 동시에 올 수도 있고, 작가가 죽은 뒤에야 올 수도 있다. 존 케이지와 백남준은 음악과 텔레비전이 갖는 일방적 방향에 대한 관점을 뒤집는 작품으로 당대에 명성을 누렸다. 그만큼 평등의 시대에 필요했던 평등을 구현한 창의성이었다.

우리도 어떤 일을 하면서 남들과 조금이라도 다른 독창성이 필요할 때가 종종 있다. 두 사람을 통해 알 수 있듯이, 창의성은 우리가 사물을 보던 익숙한 관점을 바꾸는 데서 비롯된다. 평소와 다른 관점을 취하면 익숙했던 사물이 다르게 보이고 평범한 일도 특별하게 느껴진다. 평소에 존 케이지나 백남준처럼 '자신이 속한 곳'에서 벌어지는 일을 다른 관점에서 생각해보는 습관이 필요하다. 독창적인 생각은 거창하게 멀리 있는 것이 아니라 계속 듣고 있던 소음, 평소 보던 화면처럼 이미 내게 가장 가까이 있음을 기억하자.

"정말로 독창적인 사람은, 다른 이들도 이미 보았지만 아직 알아차리지 못해서 변변한 이름조차 없는 것을 알아보는 눈을 갖고 그것에 새로운 이름을 부여한 사람이다."

_프리드리히 니체

'모차르트 타임'의

놀라운
효과

모차르트는 편지를 자주 썼다. 신동으로 네 살 때부터 유럽 전역을 다니며 연주를 했으니, 고향에 있는 가족과 친구들에게 알려야 할 근황이 매일매일 생겼던 탓이다. 고향 잘츠부르크를 떠나 비엔나에 정착한 후에도, 부모와 누나 등과 시시콜콜한 내용까지도 편지를 주고받았다.

서양 미술사에서 편지의 대가가 빈센트 반 고흐라면, 음악에서는 모차르트였다. 현재 전해지는 수백 통의 편지를 읽다 보면 '참 모차르트답다'는 생각이 드는 구절들이 있다.

"오늘은 아무것도 안 했어요. 나쁘지 않은데요?"

한창 작곡과 연주로 바쁜 와중에 아버지에게 보낸 편지에서, 그는 모처럼 아무것도 안 하고 하루를 보냈는데 참 좋았다고 썼다. 별 대수롭지 않고 중요한 내용도 아닌데, 문득 이런 태도야말로 모차르트답다는 생각이 들었다.

음악엔 결국 작곡가의 내면이 어느 정도는 드러날 수밖에 없다. 모차르트의 음악을 들으면, 그가 세상을 긍정적으로 보고 인생을 즐기는 사람으로 느껴진다. 물론 왕과 귀족에게 청탁받은 작품들이 많으니 당연히 분위기를 유쾌하게 만들기 위해 작곡했던 탓도 있다. 하지만 인생의 슬픔과 외로움 등의 정취가 짙은 피아노 소나타 8번, 피아노 협주곡 20번, 바이올린 소나타 21번 등도 후반부에 가서는 따스함이나 희망 등이 느껴진다.

베토벤이 청각장애와 같은 역경을 극복하는 삶을 지향하는 음악가였다면, 모차르트는 삶을 사랑하고 세상에 온기를 품은 작곡가였다. 이렇게 인생을 즐겁게 살고자 하는 모차르트의 세계관이 아무것도 하지 않은 날도 좋았다는 구절에 강하게 흐르고 있다.

월급이나 연금이 없었던 터라 그는 매일 일해야 먹고살 수 있었던 처지였다. 생활비를 벌기 위해 피아노 선생으로 하루를 바쁘게 보내고 오전 일찍이나 늦은 밤에야 작곡할 시간을 가질 수 있었다. 이런 상황이니 일중독이 되거나 일의 스트레스에 허덕일 수도 있었지만, 그는 가끔은 아무것도 안 하고 쉬었다. 일과 휴식의 조화를 자기 나름대로 이뤘다. 이렇게 일에 열중하는 만큼 아무것도 하지 않는 시간도 반드시 가져야 하는 중요한 이유가 있다.

머리는 쉬고 싶다

나는 글을 쓰다가 진도가 나가지 않으면 멈추고, 맛 좋은 커피를 마시러 나간다. 걸어서 20분 거리의 카페까지 산책 삼아 걷는데, 문득 조금 전에 풀리지 않았던 문장과 단락이 연결되거나 애매모호했던 책의 내용들이 갑자기 이해될 때가 있다. 그러면 길에서 급히 수첩을 꺼내 다급하게 써둔다.

오늘은 산책에서, 어제는 자려고 누운 침대에서, 내일은 이를 닦다가 이렇게 좀체 풀리지 않던 일에 대한 해결책이 번뜩 떠오른다. 내가 집중하고 있는 지식들이 소화될 시간이 필요해서라고 나름대로 분석했다. 이런 일이 반복되어 찾아보니, 뇌 속의 '휴지기 네트워크(resting state network)' 때문이었다. 일과 공부에 집중할 때는 가만있다가, 놀거나 휴식을 취하면 갑자기 열심히 일하는 뇌의 부위가 휴지기 네트워크인데, 주로 생각의 연결과 창의성을 담당한다.

아무리 생각해도 답이 나오지 않을 때, 우리의 뇌에 휴식을 주면 생각의 고리를 연결하여 생각치 못했던 답을 만들어내는 것이다. 즉 우리의 뇌가 지식을 받아들이는 만큼 뇌를 쉬게도 해줘야 기존 지식과 새로운 지식이 연결되거나 지식을 새로운 방식으로 요리할 수 있다. 뇌의 작동원리가 이러하니, 작업과 휴식이 공존해야 창의적인 결과물이 나온다.

아마 모차르트는 '휴지기 네트워크'를 경험으로 알고 있었을 것이다. 열심히 작곡하다가 하루쯤 아무 일도 하지 않으며 뇌를 쉬게 하면 다음 날 작업 능률이 크게 향상했을 것이다. 만약 하루도 쉬지 않고 일에 매달리고 있지만 진척이 없고, 일하는 시간에 비해 결과물이 너무 빈약하다면, 모차르트의 말과 우리의 뇌구조를 믿고 하루 정도는 일을 손에서 놓고 아무것도 하지 않고 한가하게 보내길 권한다.

"오늘은 아무것도 안 했어요. 나쁘지 않
은데요?"

_볼프강 아마데우스 모차르트

나의
이익이

우리의
이익이 되도록

그림은 시대의 결과물이다. 그림이 화가의 감성을 자유로이 표현하는 수단이 된 역사는 아주 짧은데, 18세기 중후반에 영국에서 시작되어 19세기 중후반까지 유럽 전역을 물들인 낭만주의로 가능해졌다. 그럼에도 몇몇 예외적인 화가들을 제외한 대부분은 지금 우리가 생각하는 것만큼 자기 마음대로 그리지 못했다. 가장 큰 이유는, 주문자가 완성작을 인수하지 않으면 화가는 먹고살기 어려웠기 때문이다.

유럽에서 그림은 종교와 궁정을 위해 존재해왔고, 당대의 권력들은 그림의 주제와 소재는 물론이고 어떻게 그려야 하는지의 스타일까지도 정해두었다. 화가의 처지란 주문서에 기입된 등장인물의 수와 동작까지 충실히 따라야 했던 레오나르도 다빈치의 시대와 19세기 중반이 크게 다르지 않았다.

권력은 그림을 온전히 자기들의 취향과 목적에 부합하게 통제했다. 여기에 반기를 든 화가의 이름을 나열할 때, 제 1열에 귀스타브 쿠르베(Gustave Courbet)가 위치한다. 자기가 그리고 싶은 소재를 선택해서 과감한 스타일로 표현하여, 당시 프랑스 사회를 충격에 빠트렸다.

원칙 따위는 깨버린다

가로로 긴 그림 속에 일련의 사람들이 있다. 십자가와 성직자, 상복을 입은 유족, 무덤을 파는 사람들로 장례식 같다. 그런데 누구의 장례식인지도 모르겠고, 죽음의 슬픔과 종교적인 경건함도 없다. 검정을 주로 사용하여 분위기는 전반적으로 칙칙하다.

쿠르베는 고향 마을 오르낭의 실제 장례식을 바탕으로 가족과 친지, 동네 사람들을 모델로 삼았다. 위대한 그림은 크게 그려야 한다는 평소 생각대로, 나폴레옹 황제의 대관식 같은 역사화에나 적합할 세로 5미터 가로 7미터의 거대한 캔버스에 평범한 시골 사람의 장례식에 참석한 사람들의 무료하고 지루한 표정을 적나라하게 그렸다.

귀스타브 쿠르베
⟨오르낭의 장례식⟩
1849~1850

주류 화가와 평론가들은 '이것은 회화의 타락이자, 프랑스 회화의 전통을 부수려는 자의 도발'로 간주했다. 그들이 아는 장례식 그림은, 엘 그레코의 〈오르가스 백작의 매장〉처럼 장례식의 주인공이 성직자, 영웅, 왕족, 귀족 등 고귀한 신분의 역사적인 인물이어야 하고, 성스럽고 숭고한 분위기로 행해져야 하며, 영혼이 하느님과 천사들이 환영하는 천국인 하늘로 올라가야 한다. 그래서 지상과 하늘의 세계를 모두 보여주기 위해 필연적으로 세로 구도로 그려야만 했다.

하지만 쿠르베는 당연시되어 온 그 원칙들을 모두 깨버렸다. 살롱에 제출할 당시 제목은 '오르낭의 장례식에 있었던 역사적인 사람들의 그림'이다. 동네사람들을 그려놓고 '역사적인 사람들'이라니…. 그것은 '지금은 평범한 사람들의 시대니, 시골의 보통 사람들도 역사적인 인물로 기록하겠다. 나는 그림으로 저들의 목소리를 생생하게 표출하겠다' 혹은 '저들이 이제 역사에 남을 사람'이란 뜻이었다.

그림은 자신이 살아가는 사회를 적극 표현해야 한다는 사실주의에 입각한 쿠르베는 노골적으로 주류 회화에 반기를 들었다. 주제와 소재, 스타일까지 완벽히 자신이 원하는 대로 했으니, 이 그림은 쿠르베가 쿠르베에게 주문한 셈이다. 그에게 화가는 더 이상 권력자들이 정해둔 주제와 소재를 솜씨 좋게 보여주는 기능공이 아니라, 자신의 생각을 그림으로 표현해내는 예술가였다.

기술적으로 탁월한 장인이냐 독립된 예술가냐, 과거의 관점이냐 새로운 관점이냐 등의 문제 제기가 치열하게 쿠르베의 그림에 대해 충돌했고, 사람들은 거기에 답을 하면서 자신이 살아가는 사회를 돌아보게 됐다. 프랑스혁명과 산업혁명으로 프랑스도 과거와는 질적으로 다른 사회가 되었기 때문이다.

내가 좋아서 하는 일에 우리가 좋을 수 있다면

산업혁명 이후 왕보다 부자인 중산층들이 대거 등장했고, 가난한 사람들은 노예보다 더 가난하기도 했다. 부자는 유사 이래 최고의 부자가 되었고, 가난한 자들이 이토록 가난했던 적이 없었다.

누구도 상상하지 못할 정도의 빈부격차가 빚어낸 하층민의 비참한 실상을 쿠르베는 외면하지 않았다. 지금까지 그림의 주인공 자리를 독점한 귀족과 종교인 같은 권력자를 버리고 거리의 평범한 사람 혹은 도로에서 돌을 깨며 일하는 노동자로 바꾸었다. 프랑스혁명으로 왕정에서 공화정으로 정치 체제가 옮겨갔으니 그에 따라 캔버스의 주인공도 달라져야 한다는 믿음의 결과였다.

그림은 문학보다는 멀고 음악보다는 가깝게 사회와 관계를 맺는다. 그에게 그림은 시대를 비추는 거울이자 시대를 만드는 망치였다. 자신의 예술적 표현 욕망과 그림의 사회적 책무를 일치시켰다. 그래서 그는 그림을 부귀영화를 이룩하는 수단이 아닌 자신이 속한 공동체를 위하여 사용했다. 가격보다 가치를, 이익보다 신념을 위해 그림을 대했다.

고대 그리스인들은 자기만의 문제에만 관심을 갖고 사회 문제에 무관심한 사람을 '이디오테스(idiotes)'로 불렀다. 그 비난의 뜻이 고스란히 '바보(idiot)'란 단어에 들어가 있다. 고대 중국에선 이로움을 탐하는 '소인(小人)'으로 칭했다. 단어는 달라도 뜻은 같고, 문화는 달라도 생각은 만난다.

쿠르베는 절묘한 선택을 했다. 그는 사람들을 각성시키고 사회에 담론을 형성하는 사회적 도구가 되는 작품을 만드는 것을 그림의 목적으로 삼아, 자기 표현과 사회적 의미를 일치시켰기 때문이다.

우리가 살다 보면 나의 이익보다 공동체의 이익을 우선하는 마음은 훌륭하나, 완고한 신념과 풍부한 재산의 뒷받침 없이는 지속하긴 어렵다는 사실을 부정하기 힘들다. 그렇기 때문에 나의 이익과 공동체의 이익이 일치한다면, 즉 내가 열심히 나의 이익을 추구하는데 그것이 사회의 이익으로 연결된다면 더할 나위 없이 좋다.

쿠르베는 자신의 신념을 표현하기 위해 사실주의적인 그림을 그렸고, 그것은 당시 산업사회의 모순을 드러내고 시대에 뒤처진 시대착오적인 그림만을 반복하던 프랑스에 경각심을 일깨웠다. 쿠르베의 사익추구는 프랑스의 공익이 되었다. 그가 신념을 지키며 평생 그림을 그릴 수 있었던 결정적 이유였다.

"아름다움은, 진실과 마찬가지로, 그가 살고 있는 시간과 그것을 이해해주는 사람들과 이어져 있다."

_귀스타브 쿠르베

평범한
매일이 쌓여

특별함이
만들어진다

인생을 바꾸고 싶다면 시간 사용법, 만나는 사람, 사는 도시를 바꿔보라는 말이 있다. 이 세 가지를 모두 바꾸면 하루를 보내는 방식과 주위 사람들에게서 받는 영향과 주변 환경의 인프라가 달라지니, 인생이 점차 변한다는 논리다. 예술사에서도 이런 경우가 많다. 빈센트 반 고흐가 파리에 와서 인상파 화가들을 만나면서 자기만의 그림을 만들기 시작했고, 폴 고갱은 파리를 떠나 남태평양 타히티의 원시적인 문명을 접하면서 화풍이 발전했다. 그리고 파리를 떠나 프랑스 남부의 엑상프로방스로 돌아가서 위대해진 폴 세잔(Paul Cézanne)도 있다.

세잔은 당시 유행하던 인상주의가 색에 너무 치우친 양식으로 더 이상은 발전하기 어렵다고 생각했다. 그것을 보완한 인상주의

미술을 추구했으나 설득력 있게 표현할 방식을 찾지 못했던 그는 고향에 내려가서 해법을 발견했다.

> **"회화의 규칙과 원칙을 따르지 말고 자연만을 스승으로 삼아 자네가 보고 느끼는 것을 그리게."**

성격이 무뚝뚝하고 사교적이지 않아 동료들과 친밀하게 지내지 못했던 독학자 세잔이 유일하게 스승으로 삼은 화가 피사로의 가르침이다. 그 가르침을 평생 따랐던 세잔은 이전 시대의 명작이나 당대에 유행하는 그림이 아니라, 자신의 눈을 믿었다.

특히 고향의 작업실을 나서면 보이는 생트빅투아르산을 매일 몇 시간 동안 관찰하고, 관찰을 토대로 생각하고, 다시 산을 보며 그렸다. 그는 그 산을 "모티브(소재)"라고 부를 정도로 애착을 가졌다.

지금도 그 지역을 여행하다 보면 파란 하늘에 하얀 바위들이 솟아 늘어선 산의 모습이 독특해 보인다. 세잔은 그 산의 독특한 형세에 이끌렸을까? 사실, 생트빅투아르산은 그저 산일 뿐이다. 세잔이 그것을 소재 삼아 매일 산과 산을 둘러싼 풍경을 관찰하고, 매일 새로운 무엇을 발견하고, 그 무엇을 그림으로 담아내려 했다는 점이 중요하다.

폴 세잔
⟨생트빅투아르산⟩
1895

그가 발견한 첫 번째 사실은 초록과 파랑 같은 차가운 색은 뒤로 물러나 보이고, 빨강과 노랑 같은 따뜻한 색은 앞으로 다가서는 듯 보인다는 점이다. 그래서 그는 가상의 소실점으로 풍경이 수렴되는 투시 원근법을 그림에 적용하지 않고, 근경은 따스한 색, 원경은 차가운 색을 배치하여 원근감을 구현하는 색채 원근법을 구사했다.

그러자 우리가 현실에서 풍경을 보는 듯 아주 사실적인 거리감의 풍경화가 완성됐다. 왜냐면 우리의 눈은 투시 원근법으로 풍경을 보지 않고 관심 있는 부분을 각각 보고 기억으로 통합하는데, 이때 우리가 집중해서 본 각 부분의 크기는 투시원근법처럼 거리와 반비례하지 않는다. 그래서 내 테이블의 커피 잔보다 몇 걸음 떨어진 테이블의 커피 잔이 더 예뻐서 흥미롭게 봤다면, 그 잔을 더욱 '크게' 느낀다. 세잔에게 본다는 것은 이런 인식 행위까지 포함하는 개념이다.

두 번째가 더 중요하다. 당시의 인상주의는 시시각각 변하는 빛이 만들어내는 인상에 집중했다면, 세잔은 형태의 중요성을 제기했다. '생각해야만 한다. 눈만으로는 충분하지 않다. 생각도 해야 한다'고 되뇌며 오랫동안 매일 반복해서 자연을 관찰해보니, 자연의 모든 사물은 구, 원통, 원뿔 세 가지 형태로만 만들어졌다고 확신하게 됐다.

그래서 세잔의 그림은 언뜻 가까이에서 보면 잘못 그린 그림

같은데, 뒤로 떨어져 전체를 한눈에 보거나 그림의 실제 현장에 가서 보면 너무나 사실적이라 놀라게 된다. 이렇듯 색과 그 변화에 집중한 인상주의에 형태와 그 표현의 중요성을 더한 세잔의 그림은 '후기 인상주의'로 파리 화단에 충격을 주었다.

평범한 매일이 쌓여 특별한 날이 만들어진다

세잔은 고향에서 단순한 생활을 반복하면서 서양 미술사의 위대한 명작들을 길어 올렸다. 세잔이 고향으로 가지 않았더라면 그런 작품을 만들 수 있었을까? 여기서 말한 '고향'은 오롯이 자기 자신에게 집중할 수 있는 도시라는 뜻으로 받아들여도 좋을 듯하다. 세잔에게 파리는 유행의 힘이 강하여 나만의 예술을 정립하기에 어려운 도시였지만, 엑상프로방스에서는 매일 자신이 원하는 '모티브'를 관찰하고 생각하고 직접 가보는 등 그림에 온전히 집중하며 보낼 수 있었다.

그런 하루하루가 쌓이면서 서서히 새로운 생각이 생겨났고 그의 캔버스에선 독창적인 결과물이 만들어졌다. 파리에서 "기본도안 된 화가"로 놀림받던 그가 "세잔은 하늘이 내린 화가"(고갱의 말)라고 존경받게 된 것이다.

철학가 니체는 "음악은 근육으로 듣는 것"이라고 썼다. 근육? 몸이 건강하고 좋아야 음악을 오래 듣는다는 말이려니 짐작했다. 그게 아니었다. 음악을 자주, 많이 들어서 몸속의 근육에까지 스며들면, 어떤 음악을 들을 때 몸이 먼저 반응한다는 뜻이었다. 매일 음악을 듣는 일은 평범하지만, 그런 매일이 켜켜이 쌓여서 어느 순간 암호와도 같았던 서양 고전 음악에 몸이 먼저 반응하는 특별함을 경험하게 된다. 일상을 열심히 살아서 무의식을 풍성하게 만드는 것이 창작력의 비결이라던 어느 영화감독의 말도 비슷한 뜻이리라.

"하루 종일 눈이 빠지게 무언가를 관찰하고 있다"는 세잔 부인의 증언처럼, 세잔은 하루를 온전히 하나에 집중해서 살았고, 그런 시간들이 모여서 독창적인 생각에 이르렀다. 그런 단조로운 매일을 보낼 수 있는 능력이 있었기에 세잔은 예술가로 성공했다. 시작은 누구나 할 수 있으나, 그것을 계속 해나가는 것은 능력이다.

"나는 백년, 천년 동안이라도 멈추지 않고 그림을 그리고 싶다. 여전히 아무것도 모르는 것처럼."

_폴 세잔

· 이 책에 실린 인용문은 저작권자의 허락을 받아 게재하였습니다.
  도저히 연락이 닿지 않은 일부 인용문에 관해서는 출판사로 연락주시면 감사하겠습니다.
· p.174-180의 내용은 《당신에게, 러브레터》(이동섭 저, 시공아트, 2010)의 원고를 수정 보완하였습니다.
· p.188 사진 ⓒ이동섭

나를 사랑하고 싶은 나에게

초판 발행 · 2020년 10월 9일

지은이 · 이동섭
발행인 · 이종원
발행처 · (주)도서출판 길벗
브랜드 · 더퀘스트
출판사 등록일 · 1990년 12월 24일
주소 · 서울시 마포구 월드컵로 10길 56(서교동)
대표전화 · 02)332-0931 | **팩스** · 02)323-0586
홈페이지 · www.gilbut.co.kr | **이메일** · gilbut@gilbut.co.kr
대량구매 및 납품 문의 · 02)330-9708

기획 및 책임편집 · 송혜선(sand43@gilbut.co.kr) | **제작** · 이준호, 손일순, 이진혁
영업마케팅 · 한준희 | **웹마케팅** · 이정, 김선영 | **영업관리** · 김명자 | **독자지원** · 송혜란, 윤정아

디자인 및 전산편집 · [★]규
CTP 출력 및 인쇄 · 예림인쇄 | **제본** · 예림바인딩

ISBN 979-11-6521-304-6 (03100)
(길벗 도서번호 040159)
정가 16,800원

페이스북 www.facebook.com/thequestzigy
네이버 포스트 post.naver.com/thequestbook

이 도서의 국립중앙도서관 출판예정도서목록(CIP)은 서지정보유통지원시스템 홈페이지(http://seoji.nl.go.kr)와
국가자료종합목록 구축시스템(http://kolis-net.nl.go.kr)에서 이용하실 수 있습니다.
(CIP제어번호 : CIP2020039796)